第4版

JN002985

自然科学

Natural science

TAC出版編集部編

問題集

TAC出版

TAC PUBLISHING Group

はじめに

　公務員試験が難しいとされる理由のひとつに、「高い教養と優れた人間性の両方が求められる」ということが挙げられます。また、地方初級・国家一般職(高卒者)試験では、1次試験で課される教養試験の合格者のみが面接を中心とした2次試験に進むことができるとされています。つまり、高い志を持って公務員を目指しても、教養試験をクリアすることができなければ、その職に対する熱い思いや憧れ、自分自身の考えを相手に伝えることができません。厳しいことをいうようですが、公務員試験における1次試験は「ゴール」ではなく「スタート」にすぎないのです。だからこそ、何としてもここを突破して、自ら道を切り開いていかなければなりません。

　そのためには、効率よくかつ着実に勉強を進めていく必要があります。「なるべく楽に」と考えるのは人間の性（さが）ですが、日々努力を続け、一歩ずつ歩（ほ）を進めた方が確実に合格に近づくことができます。その方法ですが、基礎を学んだ後、問題に数多くあたり応用力を身につけることがよいでしょう。

　公務員試験は出題内容に一定の偏りがあり、そこを重点的に勉強するのはセオリーではあります。しかし、まったく同じ問題が出題されるわけではありません。類似した問題を多く解くことで応用力を培い、同一分野の問題を落とさないようにすることができれば、1次試験合格は決して難しいことではありません。

　本シリーズは、地方初級・国家一般職(高卒者)試験用の科目別問題集です。基礎的な問題から少し難易度の高い問題まで取りそろえました。似たような問題であっても、重要だと思われるものは、繰り返し学習できるように掲載してあります。最初はまったく解くことができない問題もあるかもしれません。ですが、それでいいのです。学習を進めていって、最終的に解くことができるようになれば、合格はもう目の前です。

　「千里の道も一歩から」

　これこそが、目標達成のための極意といえるでしょう。

　この本を手にした皆さんが、念願の職に就けることを心から願っております。

2024年1月　ＴＡＣ出版編集部

本シリーズの特長

① **科目別の6分冊**

地方初級・国家一般職(高卒者)の教養試験で問われる学習範囲を，分野ごとに編集し，「数学・数的推理」「判断推理・資料解釈」「国語・文章理解」「社会科学」「人文科学」「自然科学」の6冊にまとめました。

※国家公務員試験は，平成24年度より新試験制度により実施されています。新試験制度では，「数的推理」は「数的処理」に，「判断推理」「空間把握」は「課題処理」に，名称が変更されています。しかしながら，これはあくまで名称上の変更にすぎず（名称は変更となっていますが，試験内容には変更はありません），本シリーズでは受験生の方が理解しやすいように，これまでどおりの科目名で取り扱っています。

② **本試験レベルに近い問題構成**

本シリーズは，本試験で出題されるレベルの問題を中心に，比較的平易な問題からやや応用的な問題までをバランスよく掲載しています。これらの問題を繰り返し学習することで，本試験へ向けた問題演習をしっかりと行うことができます。

③ **解答・解説は別冊構成**

学習の便を考慮し，解答・解説が取りはずせる別冊構成となっていますので，よりスムーズに問題と解答を確認することができます。

④ **基本事項の確認のために**

問題演習を進める中で，わからない事項が出てきた際には，本書のシリーズ『地方初級・国家一般職(高卒者)テキスト』(全6冊)をお使いいただくことによって，基本事項の整理やより深い学習を進めていただくことができます。

●またTAC出版では，国家一般職(高卒者)試験の対策として，以下の書籍を刊行しております。本シリーズとあわせてご活用いただければ，より合格が確実なものとなることでしょう。

『ポイントマスター』(全6冊)

〜本試験問題も含め，もっと多くの問題を解いて学習を進めたい方に

『適性試験のトレーニング』

〜適性試験対策にも力を入れたいという方に

物理の出題状況

■国家一般職(高卒者)

例年1題出題。力学や電気が頻出。熱，波動，原子なども出題されることがある。

■地方初級

| 全 国 型 | 例年1題出題。力学，電気，熱，波動，原子などが頻出。 |

| 東京23区 | 例年2題出題。1題は力学からの問題であることが多い。 |

＜対策について＞

基本的には力学と電気を中心とした学習でよい。力学は力のつり合い，自由落下運動，運動の法則などが頻出である。基本的な公式や考え方をマスターし，問題演習を繰り返すことで，公式を使いこなしていくことが重要。電気はオームの法則，ジュールの法則，直流と交流などが必須分野であり，問題を解くことで解法パターンを身につけるとよい。

化学の出題状況

■国家一般職(高卒者)

例年1題出題。無機化合物の出題が多い。物質の構造，状態，反応などの基本的な事項が組み合わされた出題となる。

■地方初級

| 全 国 型 | 例年2題出題。基本的に国家一般職(高卒者) と同傾向だが，計算問題が出題されることがある。 |

| 東京23区 | 例年2題出題。物質の構造を問う問題が多い。 |

＜対策について＞

物質の構造，状態，反応などの基礎事項を整理した後，過去問を中心に演習問題をこなすことが重要である。重要な化学反応式については，代表的な化学反応例を繰り返し解くことで，そのパターンを把握することが必要である。

生物の出題状況

■国家一般職(高卒者)

例年1題出題。細胞分裂，呼吸，光合成などが頻出。遺伝，恒常性の維持と調節，生態系などもよく出題されている。

■地方初級

| 全 国 型 | 例年1～2題出題。生態系，恒常性の維持と調節，呼吸，光合成などが頻出。 |

| 東京23区 | 例年2題程度出題。動物や植物の分類に関する問題が多いが，まんべんなく出題される。 |

＜対策について＞

　細胞，呼吸，光合成を中心に，遺伝，恒常性の維持と調節，生態系を学習する。基礎事項を頭に入れたら，繰り返し問題を解きながら覚える，演習中心の学習が適切である。

地学の出題状況

■国家一般職（高卒者）

　例年1題出題。気象は頻出，地球の運動，太陽系からの問題も多い。また地球の内部構造についての出題も散見される。

■地方初級

　全国型　例年1～2題出題。気象と地球の運動，太陽系からの出題が多い。

　東京23区　例年1題出題。気象と地球の運動，太陽系，地球の内部構造などから，基本的な事項が出題される。

＜対策について＞

　暗記系の科目になるので，基礎的なことを一通り学習した後は，繰り返し類似の問題を解いて，知識を確実に覚えていく学習方法が有効である。

「自然科学」 目次

第 1 編

物　理

第1+2章 力と運動

No.1

（解答 ▶ P.1）

質量0.5kgのボールにひもをつけ上向きに1.2m/s²の加速度で引き上げているときのひもの張力はいくらか。重力加速度gは9.8m/s²とする。

① 0.6N

② 4.9N

③ 5.5N

④ 6.0N

⑤ 11.76N

0.5kg

No.2

（解答 ▶ P.1）

図のような実験で，つり合わせるのに必要なおもりの重さは何kgか。ただし，滑車の重さはないものとする。

① 1kg

② 2kg

③ 3kg

④ 4kg

⑤ 5kg

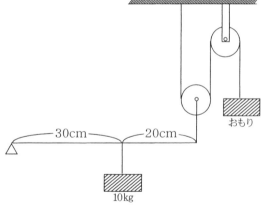

おもり

30cm ── 20cm

10kg

No.3

（解答 ▶ P.1）

A駅を発車した電車が2分後2km/分の速さになり，3分間等速運動をした後，減速をしてA駅発車後9分でB駅に着いた。A駅からB駅までの距離はいくらか。

① 8km ② 9km ③ 10km ④ 11km ⑤ 12km

No.4

(解答 ▶ P.1)

同じ高さの台からA，Bの質量の違う2個のボールをAは自由落下，Bは水平方向へ初速v_0で投げた。次の記述で正しいものはどれか。空気抵抗はないものとする。

① Aが先に地面に着く。
② Bが先に地面に着く。
③ AとBは同時に地面に着く。
④ どちらが先に着くか判断できない。
⑤ 質量が影響するので重い方が先に着く。

No.5

(解答 ▶ P.1)

下図のように机の上に本が置いてある。この本にはたらいている力で，つり合いの関係にある2つの力は次の（ア）〜（エ）の中のどれとどれか，正しいものを選べ。

（ア）本にはたらく重力
（イ）机にはたらく重力
（ウ）本が机を鉛直下方へ押す力
（エ）机が本を鉛直上方へ押す力

① （ア）と（ウ）
② （ア）と（エ）
③ （イ）と（エ）
④ （ウ）と（エ）
⑤ （ア）と（イ）

No.6　　　　　　　　　　　　　　　　　　　　　　　　　　　　　　　　（解答 ▶ P.1）

新幹線「のぞみ号」がスタートしてから360m進むのに30秒かかった。この電車の速度が60m/sになるのは，スタートしてから何秒後か。

① 45秒　　　② 60秒　　　③ 75秒　　　④ 90秒　　　⑤ 150秒

No.7　　　　　　　　　　　　　　　　　　　　　　　　　　　　　　　　（解答 ▶ P.1）

地上500mの高さから石を自由落下させると，地面に到着する寸前のこの物体の速さはいくらか。ただし重力加速度gは$10m/s^2$とし，空気抵抗はないものとする。

① 10m/s　　　② 50m/s　　　③ 100m/s　　　④ 150m/s　　　⑤ 200m/s

No.8　　　　　　　　　　　　　　　　　　　　　　　　　　　　　　　　（解答 ▶ P.2）

次の文章は①～⑤のうち，どれを説明したものか。

「物体に力がはたらくと，力の向きに加速度を生じ，その大きさは力に比例し，物体の質量に反比例する」

① 　ニュートンの第2法則（運動の法則）
② 　落下運動
③ 　加速度
④ 　運動量保存の法則
⑤ 　力学的エネルギー保存の法則

No.9

（解答 ▶ P.2）

次の組合せで間違っているのはどれか。

単位

① 運動量………………kg・m/s

② 運動エネルギー……K

③ 加速度………………m/s²

④ 力……………………N（ニュートン）

⑤ 比熱…………………J/g・K

No.10

（解答 ▶ P.2）

静水面上を4.0m/sの速さで進むボートが3.0m/sの速さで流れる川を，流れに対し図のように直角に進むとき，岸にいる人から見たボートの速さはいくらか。

① 1m/s

② 2m/s

③ 3m/s

④ 4m/s

⑤ 5m/s

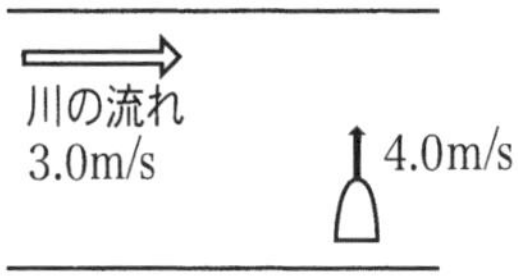

川の流れ
3.0m/s　　4.0m/s

No.11

（解答 ▶ P.2）

水面に静止している質量100kgのボートから体重60kgの人が水平方向に1.5m/sの速さで水中に飛び込んだ。ボートの動き出す速さはいくらか。

① 0.9m/s

② 1.5m/s

③ 1.8m/s

④ 2.4m/s

⑤ 3.0m/s

川べりにホテルがある。ホテルの屋上の高さは水面より80mである。今，この屋上から川に向かって，水平にボールを投げた。ほぼ何秒後に水面に達するか。ただし空気の抵抗と，人の背の高さは無視するものとし，重力加速度gは9.8m/s^{2}とする。

① 2秒

② 3秒

③ 4秒

④ 5秒

⑤ 6秒

初速19.6m/sで上向きに打ち上げられた花火の最高点の高さとして正しいものは次のうちどれか。ただし，重力加速度gは9.8m/s^{2}とし，空気抵抗は無視するものとする。

① 9.8m

② 19.6m

③ 39.2m

④ 78.4m

⑤ 98.0m

10kgの鉄，1kgの鉄，10kgの綿，1kgの綿を同時に自由落下させた。着地する順に対する記述として正しいのは，次のうちどれか。ただし，空気抵抗は無視するものとする。

① 10kgの鉄と1kgの鉄と10kgの綿と1kgの綿がすべて同時。

② 10kgの鉄と1kgの鉄が同時，次に10kgの綿と1kgの綿が同時の順。

③ 10kgの鉄と10kgの綿が同時，次に1kgの鉄と1kgの綿が同時の順。

④ 10kgの鉄，1kgの鉄，10kgの綿，1kgの綿の順。

⑤ 10kgの鉄と1kgの鉄が同時，次に10kgの綿，1kgの綿の順。

No.15

（解答 ▸ P.2）

地上100mの位置から小球を自由落下させ，同時に真下の地面から他の小球を初速度25m/sで真上に投げ上げたところ，両球は空中で衝突した。衝突した位置は地上何mか。重力加速度gは9.8m/s^2 で計算せよ。

① 21.6m ② 30.9m ③ 37.5m ④ 43.5m ⑤ 44.5m

No.16

（解答 ▸ P.3）

図のように液体を密閉したU字管がある。断面積は蓋（ピストン）Aが5cm^2，蓋（ピストン）Bが30cm^{2}である。

今，蓋Aに10kgの荷重がかかったとき，AとBの高さを合わせるにはBに何kgの質量のおもりを乗せたらよいか。

① 15kg
② 30kg
③ 45kg
④ 60kg
⑤ 75kg

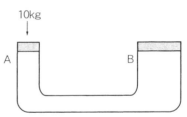

No.17

（解答 ▸ P.3）

右図のような鉄棒がある。Oが支点でAに下がっているかごの質量は100gである。今，かごの中に1400gの品物を乗せて，右側の1kgのおもりを左右に動かし，つり合うように調整した。ACの長さを1mとすると，OCの長さは，何mあるか。なお鉄棒の質量を0kgとする。

① 0.3m
② 0.4m
③ 0.5m
④ 0.6m
⑤ 0.7m

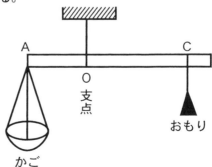

（解答 ▶ P.3）

No.18

右図のように**Ag**の物体を両方におもりの下がっている糸の中側にぶら下げたところ，ちょうど糸の角度が90°になり静止した。

物体の質量は何gか。

① 35g

② 50g

③ 55g

④ 60g

⑤ 70g

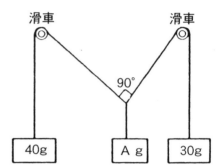

No.19

（解答 ▶ P.3）

エレベーターの天井から**10kg**の物体をつるしたとき，このエレベーターが加速度**2m/s²**で上昇すると，物体をつるした糸の張力はいくらになるか。

重力加速度gは**9.8m/s²**とする。

① 20N

② 50N

③ 78N

④ 118N

⑤ 150N

No.20

(解答 ▶ P.3)

右図の状態で均衡が保たれているとき，Aの質量は何kgであるか。ただし，斜面と滑車の摩擦，ワイヤーの重さは無視するものとする。

① 約250kg

② 約400kg

③ 約500kg

④ 約655kg

⑤ 約707kg

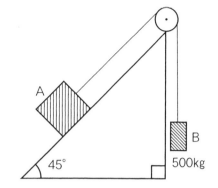

No.21

(解答 ▶ P.3)

次の文章の中で _____ 内に入る適当な語の組合せはどれか。

重力加速度は地上の各地で測定すると若干の差がある。

たとえば　東　京……979.80cm/s²

　　　　　パ　リ……980.94cm/s²

　　　　　モスクワ……981.92cm/s²　　　である。

したがって，東京，パリ，モスクワで同じ高さから物体を落下させると ┌A┐ が一番早く地上に落下する。また，同じボールを同じ初速で同じ高さから水平に投げると ┌B┐ が一番遠くまでいく。この現象は ┌A┐ では重力加速度が一番 ┌C┐ ためであり ┌B┐ では重力加速度が一番 ┌D┐ ためである。

	A	B	C	D
①	東京	モスクワ	大きい	小さい
②	モスクワ	パリ	大きい	小さい
③	モスクワ	東京	大きい	小さい
④	東京	モスクワ	小さい	大きい
⑤	東京	パリ	小さい	大きい

　　　　　　　　　　　　　　　　　　　　　　　　　　（解答 ▶ P.3）

川が時速5kmで流れている。今，時速10kmの速さのモーターボートが川を横断しようとしているが，最も短い距離で横断するには流れに直角な線から上流に向かって何度の角度で進めばよいか。

①　15°

②　30°

③　45°

④　60°

⑤　70°

No.23　　　　　　　　　　　　　　　　　　　　　　　　　　（解答 ▶ P.3）

水面から20mの高さのビルから小石を自由落下させた。小石が水面に到達するのは約何秒後か。
最も近いものを選べ。重力加速度gは9.8m/s²とする。

①　1.0秒

②　1.5秒

③　2.0秒

④　2.5秒

⑤　3.0秒

No.24　　　　　　　　　　　　　　　　　　　　　　　　　　（解答 ▶ P.3）

小球が等加速度直線運動をしている。A点を通過したときの速度は15m/sであった。5秒後にB点を通過したとき速度は17.4m/sであるとき，この運動の加速度を次の中から選べ。

①　0.28m/s²

②　0.48m/s²

③　1.28m/s²

④　1.48m/s²

⑤　2.48m/s²

No.25

(解答 ▶ P.4)

底面積50cm²，高さ6cmの直方体の木片を水に入れると，右図のように浮かんだ。この木片の空気中での質量はいくらか。ただし，水の密度を1〔g/cm³〕とする。

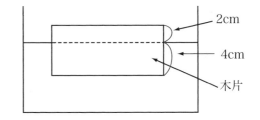

① 100g

② 150g

③ 200g

④ 250g

⑤ 300g

No.26

(解答 ▶ P.4)

川幅40m，流速6.0m/sの川がある。A点から対岸のB点目指して，川岸に直角に8.0m/sの速さで漕ぎ出した。このボートは対岸のB地点から何m離れた場所に着くか，正しいものを選べ。

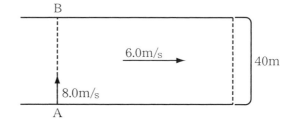

① 10m

② 20m

③ 30m

④ 40m

⑤ 50m

5.0kgのおもりをひもでつるし，ひもの上端部を持って60Nの力で引き上げた。このときのおもりの加速度はいくらか。ただし，重力加速度$g＝9.8\text{m/s}^2$とする。

① 0.5m/s^2

② 1.0m/s^2

③ 2.2m/s^2

④ 3.3m/s^2

⑤ 4.0m/s^2

時速45kmで直進していた自動車がブレーキをかけて停止した。減速した時間が4秒間であったとき，停止するまでの加速度はいくらか。また，停止するまでの4秒間に移動した距離はいくらか。最も近いものの組合せを選べ。

	加速度	距離
①	1.125m/s^2	40m
②	-1.125m/s^2	40m
③	2.0m/s^2	34m
④	3.125m/s^2	25m
⑤	-3.125m/s^2	25m

No.29

(解答 ▶ P.4)

図のようにX点からボールAを仰角60°，秒速4√3mで斜方投射した。同時に，地上から270mの高さの崖からボールBを同じ速度で水平投射したところ，2つのボールは衝突した。X点と崖はどれだけ離れているか。空気抵抗とボールの大きさは無視できるものとし，重力加速度gは9.8m/s²とする。また，必要であれば√3＝1.73，√2＝1.41を用いよ。

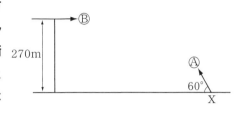

① 約381m

② 約467m

③ 約567m

④ 約508m

⑤ 約623m

No.30

(解答 ▶ P.4)

次のグラフはA駅を出発した電車がB地点からI地点を通って，J駅に着くまでの速度変化を表したものである。電車の中から見たとき，電車の床に置かれたボールが，進行方向と同じ方向に転がる区間をすべて挙げたものはどれか。ただし，A駅からJ駅までは直線であるとする。

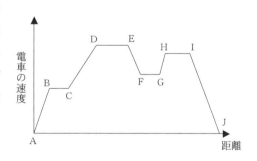

① AB，CD，GH

② BC，DE，FG

③ EF，HI

④ HI，IJ

⑤ EF，IJ

No.31

（解答 ▶ P.5）

水平面から小球Aを初速19.6m/sで，小球Bを初速9.8m/sで投げ上げた。それぞれが最高点に達したとき，その高さの差として正しいものはどれか。

ただし，重力加速度gは9.8m/s^{2}とし，空気抵抗はないものとする。

① 4.9m

② 9.8m

③ 14.7m

④ 19.6m

⑤ 24.5m

No.32

（解答 ▶ P.5）

右の図のように，荷物を2人の人が押している。それぞれにはたらく力をF_1〜F_4とおく。荷物が全く動かないとき，F_1〜F_4のうち，つり合いの関係にある力として，正しいものはどれか。

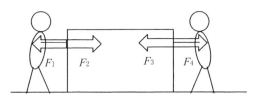

① F_1とF_2

② F_3とF_4

③ F_1とF_4

④ F_2とF_3

⑤ F_1とF_3

No.33

（解答 ▶ P.5）

図のように，はかりに乗っている水の入ったビーカーの中に，糸でつるした物体を入れると，はかりの目盛りは物体を入れる前より5kg増加した。次に，水以外の液体Aを水と同量だけビーカーに入れ同じ物体を入れると，はかりの目盛りは4kg増加した。液体Aの密度はいくらか。ただし，水の密度は1.0g/cm³とする。

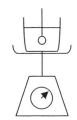

① 0.8g/cm³

② 0.9g/cm³

③ 1.0g/cm³

④ 1.20g/cm³

⑤ 1.25g/cm³

No.34

（解答 ▶ P.5）

物体に対して，Aくんが北東の方向に，$\sqrt{3}$Nの力で，Bくんが南東の方向に1Nの力で同時に引っ張った。このとき，物体が移動する方向として最も近いものは右の図のア～オのうちどれか。

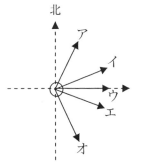

① ア

② イ

③ ウ

④ エ

⑤ オ

崖の上から同じ質量の小球A，Bを，同時に水平投射した。小球Aの初速は5m/s，小球Bの初速が10m/sであるとき，次のア〜ウのうち正しいものをすべて選んだ組合せとして，最も妥当なものはどれか。ただし空気抵抗は無視できるものとする。

ア　崖から，落下地点までの水平方向の距離は，小球Aのほうが遠い。

イ　小球A，Bが地面に到達するまでの時間は，同じである。

ウ　小球A，Bの水平方向の速度はどちらも減速し，その割合は同じである。

① ア
② ア，イ
③ イ
④ イ，ウ
⑤ ウ

24kgのおもりをつるすと，30cm伸びるバネがある。
同じばね2本を図のようにつないでおもりをつるすと，
あわせて40cm伸びた。このおもりの質量はいくらか。

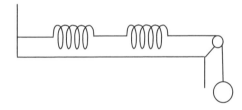

① 　8kg
② 16kg
③ 24kg
④ 32kg
⑤ 40kg

No.37

(解答 ▶ P.5)

右の図のように，滑車に滑らかなひもをつないだおもりA，Bをかけた。おもりA，Bを支えている手を離すと，おもりBはいくらの加速度で動き始めるか。次のうち最も近い数値を選べ。ただし，Aの質量は2.0kg，Bの質量は4.0kgであり，重力加速度gは9.8m/s^{2}とする。

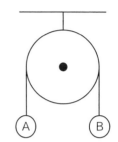

① 9.8m/s^2

② 6.4m/s^2

③ 3.3m/s^2

④ 2.5m/s^2

⑤ 1.9m/s^2

No.38

(解答 ▶ P.6)

ある地点Aから小球を仰角45°で斜方投射する。地点Aから水平方向に18m離れたところに，高さ17.8mの塀がある。小球が塀を越えていくには，最低でも初速何m/sで投射すればよいか。次のうち最も近い数値を選べ。
ただし，重力加速度gは9.8m/s^{2}とし，小球と空気の摩擦や，塀の幅は考えないものとする。

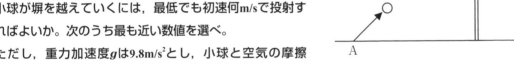

① 56m/s

② 81m/s

③ 114m/s

④ 127m/s

⑤ 148m/s

No.39 (解答 ▶ P.6)

図のように天井からひもで質量0.5kgのおもりをつるす。おもりにはバネ定数70N/mのバネがついている。ひもと天井のなす角が45°になるように，バネを持って右に引っ張った。このとき，バネの伸びは何cmか。重力加速度gは9.8m/s²とし，バネやひもの重さは考えないものとする。

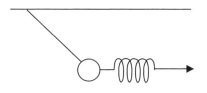

① 　0.07cm

② 　0.7cm

③ 　0.9cm

④ 　7cm

⑤ 　70cm

No.40 (解答 ▶ P.6)

図のように，なめらかな摩擦のない水平面にある物体を，右向きに引っ張る。このときの物体の運動について述べた記述のうち，最も妥当なものはどれか。

① 　力Fが一定のとき，物体の運動がある速さに達するまでの時間は，物体の質量に比例する。

② 　力Fが一定のとき，物体は一定の速さで運動する。

③ 　力を加えるのをやめると，物体は直ちに静止する。

④ 　一定質量の物体が，ある特定の速さに達するまでの時間は，物体に加える力の大きさに比例する。

⑤ 　一定質量の物体について，物体の運動の速さの変化は，時間に比例する。

No.41

（解答▶P.7）

東西南北に交差する通路がある。東向きに速さ$40\sqrt{2}$km/hで走る自動車Aから自動車Bを見ると，南西の方向に速さ80km/hで進むように見えた。このとき，自動車Bの実際の速さと向きの組合せとして，最も妥当なものはどれか。

	速さ	向き
①	40km/h	南
②	40km/h	西
③	$40\sqrt{2}$km/h	南東
④	$40\sqrt{3}$km/h	南東
⑤	$40\sqrt{2}$km/h	南

No.42

（解答▶P.7）

図1，図2に示すような装置がある。図1にはおもりAとおもりB，図2ではおもりAとおもりCをつり下げたところ，つり合って静止した。おもりA，B，Cにはたらく重力をW_A，W_B，W_Cとし，動滑車にはたらく重力をFとするとき，W_B，W_C，Fの関係を式で表したものとして正しいのはどれか。

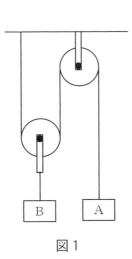
図1

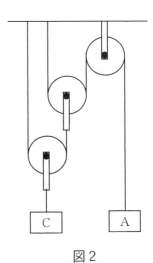
図2

① $W_B = 2W_C + 2F$

② $2W_B = W_C + F$

③ $W_B = 2W_C + F$

④ $2W_B = W_C + 2F$

⑤ $W_B = W_C + F$

（解答 ▸ P.7）

地上から高さ260mの崖の上から小球Aを自由落下させる。同時に，地上から小球Bを初速6.5m/sで投げ上げる。2つが衝突するのは，何秒後か。重力加速度$g＝9.8m/s^2$とし，小球の体積や空気抵抗は考えないものとする。

① 40秒後

② 41秒後

③ 42秒後

④ 43秒後

⑤ 44秒後

（解答 ▸ P.7）

次の5つの動作のうち，仕事の大きさが異なるものはどれか。

① 重さ2Nの物体を0.5m持ち上げる。

② 重さ0.5Nの物体4個を0.5m持ち上げる。

③ 重さ0.1Nの物体を，横から0.4Nの力で押して2.5m動かした。

④ 重さ0.4Nの物体を，横から0.5Nの力で押して2.5m動かした。

⑤ 斜面上にある物体を，斜面と平行方向に0.8Nの力で押して1.25m動かした。

（解答 ▸ P.7）

塔の上から小球A，Bを落下させる。小球Aを自由落下させ，その4秒後に小球Bを初速49m/sで投げ下ろした。小球Bが小球Aに追いつくのは，小球Aを落下させてから何秒後か。ただし，重力加速度$g＝9.8m/s^2$とし，空気抵抗は考えないものとする。

① 1.0秒

② 1.2秒

③ 8秒

④ 12秒

⑤ 25秒

第3章 力と運動・エネルギー

No.1

(解答 ▶ P.8)

ある物体が水平面から30°傾いたなめらかな長い斜面に沿って，静止の状態から滑り落ちるとき，2秒間で通過する距離は何mか。ただし，重力加速度 $g = 9.8 \text{m/s}^2$ とし，斜面の摩擦は考えないものとする。

① 　4.9m

② 　9.8m

③ 　14.7m

④ 　19.6m

⑤ 　24.5m

No.2

(解答 ▶ P.8)

質量4kgの物体が水平面と30°の角度をなす，なめらかな斜面を20m滑り落ちた。その間に重力が行った仕事はどれだけか，正しいものはどれか。ただし，重力加速度 $g = 9.8 \text{m/s}^2$ とし，斜面の摩擦は考えないものとする。

① 　40J

② 　98J

③ 　196J

④ 　392J

⑤ 　784J

No.3

(解答 ▶ P.8)

質量100gの小球を速度9.8m/sで鉛直上方に投げた。この小球が最高点に達したときの位置エネルギーはおよそいくらか。重力加速度 $g = 9.8 \text{m/s}^2$ とする。

① 　4.8J

② 　9.8J

③ 　19.6J

④ 　48J

⑤ 　98J

水平方向と30°の角をなす斜面に8kgの物体を置いた。この物体の滑る加速度はいくらか。
ただし，摩擦力は無視できるものとし，重力加速度は9.8m/s²とする。

① 9.8m/s²

② 4.9m/s²

③ 4m/s²

④ 4√3m/s²

⑤ 4.9√3m/s²

熱容量33.6J/Kの容器に水40gを入れてしばらく放置しておいたところ，温度が20℃で一定になった。この中に，60℃の水32gを入れて放置すると，全体の温度は何℃で一定となるか。
水の比熱は4.2J/g・Kとし，熱は容器の外へ逃げないものとする。

① 34℃

② 36℃

③ 38℃

④ 40℃

⑤ 42℃

熱に関する単位で，次の組合せで間違っているものはどれか。

① 絶対温度————————℃

② 熱容量———————— J/K

③ 比熱——————— J/g・K

④ 熱量——————————— J

⑤ 熱の仕事当量———J/cal

No.7

(解答 ▶ P.8)

角度30°の摩擦のないなめらかな斜面に質量6.0kgの物体をおいた。この物体の受ける垂直抗力はいくらか。一番近い数値のものを選べ。重力加速度gは9.8m/s²とする。

① 5.2N

② 10.4N

③ 29.4N

④ 50.9N

⑤ 58.8N

No.8

(解答 ▶ P.9)

角度30°の摩擦のないなめらかな斜面に5kgの物体を置いた。滑り落ちる力Fは何Nか。重力加速度gは9.8m/s²とする。

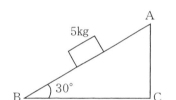

① 2.5N

② 5.0N

③ 24.5N

④ 49N

⑤ 98N

No.9

(解答 ▶ P.9)

2つの物体A，Bがある。80gの物体Aが静止している60gの物体Bに左から当たったとき，そのあとAは25cm/s，Bは60cm/sの速さで共に右へ動いた。このときAの衝突前の速度はいくらか。

① 50cm/s

② 60cm/s

③ 70cm/s

④ 80cm/s

⑤ 90cm/s

No.10　　　　　　　　　　　　　　　　　　　　　　　　　　　（解答 ▶ P.9）

図のような角度を持った斜面がある。今，糸でつないだA，
Bの二物体を図のように乗せたら，A，Bは静止した。今，
Aが質量10kgであるときBの質量はいくらか。最も近いもの
を選べ。

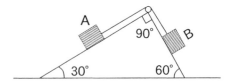

①　2.88kg

②　5.77kg

③　8.65kg

④　10.0kg

⑤　17.3kg

No.11　　　　　　　　　　　　　　　　　　　　　　　　　　　（解答 ▶ P.9）

質量2.0kgの小球Aが右向きに9.0m/sの速さで運動している。今，静止している質量4.0kgの小球Bに，小球
Aが衝突した。衝突後，小球Bは右向きに6.5m/sの速さで運動したとすると，小球Aはどちら向きにどれだ
けの速さで運動したか。正しいものを選べ。

① 右向き　2.0m/s

② 左向き　2.0m/s

③ 右向き　4.0m/s

④ 左向き　4.0m/s

⑤ 静止した

No.12

(解答 ▶ P.9)

10℃の水100g中にある物質10gを200℃に加熱して入れたところ，全体の温度が25℃に上がった。この物質の比熱を求めよ。なお水の比熱は4.2J/g・Kとする。

① 0.86J/g・K

② 1.00J/g・K

③ 3.60J/g・K

④ 4.20J/g・K

⑤ 5.20J/g・K

No.13

(解答 ▶ P.9)

水平な台上に質量0.10kgの物体が置かれている。

物体と台との間の静止摩擦係数を0.50，重力加速度gを9.8m/s^{2}とすると，台に平行にどれだけの力を物体に加えると動きだすか。

① 0.1N

② 0.2N

③ 0.49N

④ 0.98N

⑤ 1.0N

第4章 波　動

No.1 （解答 ▶ P.10）

光の散乱による現象は次の中のどれか。

① 晴天のとき空が青く見える。

② 無色のダイヤモンドがいろいろな色に輝く。

③ シャボン玉や油膜に虹のような色がついて見える。

④ 虹が七色に見える。

⑤ きれいな海の底が浅く見える。

No.2 （解答 ▶ P.10）

静止している人に向かって，パトカーが振動数 f_0 の音でサイレンを鳴らしながら等速で近づき，ある時間 t で人の前に達し，そのまま U ターンして再び同じ速さで来た道を帰っていった。このときの振動数の変化のグラフはどれか。

① 　　　　　　　　　② 　　　　　　　　　③

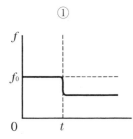 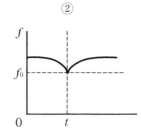 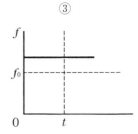

④ 　　　　　　　　　⑤

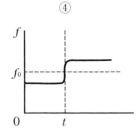 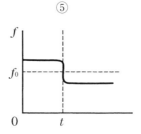

No.3

（解答 ▶ P.10）

ガラスの屈折率を $\dfrac{3}{2}$，水の屈折率を $\dfrac{4}{3}$ とすると，水からガラスに光が入るときの水に対するガラスの屈折率はいくらか。

① $\dfrac{8}{9}$

② $\dfrac{1}{2}$

③ $\dfrac{9}{8}$

④ 2

⑤ $\dfrac{4}{9}$

No.4

（解答 ▶ P.10）

澄みきった水を満たした深さ1mの水槽がある。水底を真上から見るとどれくらいの深さに見えるか。ただし，水の屈折率を $\dfrac{4}{3}$ とする。

① 60cm

② 75cm

③ 90cm

④ 100cm

⑤ 125cm

音に関する以下の記述で，正しいものを指摘せよ。

① 音は空気中と水中とを比較すると，空気中の方が速く伝わる。

② 振動数の多い音は速く伝わる。

③ 振動数の多い音は少ない音より低音である。

④ 音の伝わりにくい媒質中では，音の波長は短くなる。

⑤ 音の高低は音の速さの違いによる。

人間の耳が左右にあることによってどのような利点があるか。

① 音の高低を聞き分けることができる。

② 音の強弱を感じることができる。

③ 和音を一つの音として聞き取ることができる。

④ 音色の相違を聞き分けることができる。

⑤ 音がどの方向からやってくるかを知ることができる。

普通のガラスコップの中に熱湯を注ぐとコップは割れるが，湯呑み（磁器）に熱湯を入れても割れないのはなぜか。次の5人のものが理由を述べたが正しいのはどれか。

① 磁器はガラスに比べて熱伝導率が小さく，熱がすぐには伝わらないので割れない。

② 磁器はガラスに比べて熱伝導率が大きく，熱がすぐに伝わって温度が平均化し歪みを生じないので割れない。

③ 磁器はガラスと比較して膨張率が小さく，温度の不均一があっても歪みが小さいので割れない。

④ 磁器は膨張率はガラスと同じ位だが，伝導率がガラスよりはるかに小さいので割れない。

⑤ 磁器は膨張率も伝導率もガラスの5倍以上あり，平均して温度が伝わるので割れない。

No.8

(解答 ▶ P.11)

次の文章のうち，誤りのあるものを1つ選べ。

① 真夏のよく晴れた日に，遠くの道路が水に濡れて見える「逃げ水」という現象は，道路近くの空気層の温度が高くなるため，空気層の密度に違いが生じるために起こる現象である。このとき光は，異なる密度を持つ空気層の境界面で全反射している。

② 筒状の糸である光ファイバーは，内部を光（信号）が全反射しながら進むため外部に信号が漏れることなく光ファイバーの終点まで進む。光通信などで利用されている。

③ 波が異なる媒質に入射するとき，境界面で一部は反射され，一部は屈折して進む。この入射して屈折した波の振動数は変化しない。

④ 音源が移動しているとき，観測者が聞く音の高さが変わる現象をドップラー効果という。観測者が静止しているとき，音源が近づいてくると音の高さは低くなり，音源が遠ざかるときは音の高さが高くなる。

⑤ シャボン玉の表面が虹色に輝くのは，セッケン膜の表面で太陽光が干渉するためである。

No.9

(解答 ▶ P.11)

次の光の性質と現象についての記述のうち，誤りを含むものを1つ選べ。

① 容器に水を入れ，その中に500円玉を入れて斜め上方から見ると，実際より浅い位置にあるように見える。これは，光の屈折によるものである。

② 雨戸の小穴から差し込んだ光を白紙に当てると，光の縁が少しぼやけて，雨戸の影の部分まで少し明るく見える。これは，光の回折によるものである。

③ 水面上に広がった石油膜が色づいて見えるのは，光の干渉によるものである。

④ 幅の狭いスリットを通した白色光をプリズムに当てると，色光によって屈折率が異なるため，各色光が分離する。これを光の屈折という。

⑤ 太陽は日の出，日の入りのときに，特に赤く見える。これは光の散乱によるものである。

太陽光線に関する次の記述のうち，正しいものはどれか。

① 一般に使用されている電波の波長は，可視光線よりも短い。
② 赤外線は化学線であり，紫外線は熱線である。
③ 可視光線の中で波長が一番短いのは紫である。
④ 光にはドップラー効果が見られない。
⑤ 光は縦波である。

次の文章のうち，誤りを含むものを選べ。

① 赤色と青色と緑色の光を重ね合わせると，白色に見える。
② 分散は，光が細かいスリットなどを通過するときに見られる干渉の一種で，シャボン玉が色づいて見えるのはシャボン玉の薄膜で光が分散されるためである。
③ 水面にできた薄い油の膜やシャボン玉が虹色に見えるのは，光が干渉するためである。
④ 屈折は，光が1つの媒質から屈折率の異なる別の媒質へ進むときに見られ，蜃気楼や逃げ水の現象は光の屈折によるものである。
⑤ 宇宙の遠方にある星が赤みがかって見える現象は，ドップラー効果によるものである。

次の現象のうち，光波または音波の干渉にともなう現象として，最も適当なものはどれか。

① シャボン玉の表面が，虹色に輝く。
② 暑い日の高速道路で，逃げ水現象が起こる。
③ 救急車が近づくとき，サイレンの音がだんだん高くなって聞こえる。
④ 虹はスペクトルのように7色に見える。
⑤ 夕方は赤い光が届きやすいため，夕焼けは赤い。

No.13

（解答 ▶ P.11）

次の文はドップラー効果についてのものである。（　　　）内に入る語句の組合せとして適当なものはどれか。

　音源と人とが相対的に近づきつつあるときは相対的運動がないときより音は（　A　）く聞こえ，遠ざかるときは（　B　）く聞こえる。

　音の高さは（　C　）が大きいほど高い。したがって音が高く聞こえるのは人を通過する音波の（　D　）が音源の（　D　）より大きくなるからであり，低く聞こえるのは小さくなるからである。

	A	B	C	D
①	高	低	波長	振動数
②	高	低	周波数	波長
③	高	低	周波数	振動数
④	低	高	周波数	周波数
⑤	低	高	波長	周波数

下の図は，ある波動をグラフにしたものである。この波の振幅，波長，振動数，速さの組合せのうち正しいものはどれか。

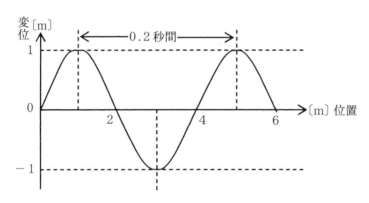

	振幅〔m〕	波長〔m〕	振動数〔Hz〕	速さ〔m/s〕
①	1	2	0.2	0.4
②	1	2	5.0	10
③	2	4	0.2	0.8
④	1	4	5.0	20
⑤	2	2	5.0	10

音に関する記述のうち，間違っているものはどれか。

① 大きな壁によって隔てられている者が，お互いの声を聞くことができる。これは声が回折するためである。

② 音の強さは音波の振動の振幅の大小によって決まり，音の高さは音波の波長によって決まる。

③ 救急車のサイレンの音が，近づいてくるにつれて低く，また，遠ざかるにつれて高く聞こえる。これはドップラー効果によるものである。

④ 夜になると遠くの汽笛などの音がよく聞こえるのは，空気中で音が屈折するためである。

⑤ 2つのスピーカーから同じ音が出ているとき，聞く場所によって大きく聞こえたり小さく聞こえたりするのは，音波が干渉するからである。

No.16 (解答 ▶ P.12)

次の文章の空欄に当てはまる語句の組合せとして，最も妥当なものはどれか。

　一般に波には2種類あり，波の進行方向と振動方向が同じである縦波と，進行方向と振動方向が垂直である横波があり，光は（　ア　）に分類される。

　宇宙の遠方にある星が実際よりも赤みがかって見える現象は，波の（　イ　）によるものである。また，非常に狭いすき間を通る光を眺めると，光が広がって見えるのは波の（　ウ　）とよばれる。

	ア	イ	ウ
①	横波	ドップラー効果	干渉
②	横波	ドップラー効果	回折
③	横波	コンプトン効果	回折
④	縦波	コンプトン効果	干渉
⑤	縦波	ドップラー効果	回折

No.17 (解答 ▶ P.12)

波の性質について述べた記述のうち，正しいものはどれか。

① 屈折率の大きい媒質から小さい媒質へ光が進むとき，屈折角は入射角よりも小さくなる。

② 全反射とは，屈折率の異なる媒質に光が入射したときに，反射光が生じないことをいう。

③ 光ファイバーは，光がファイバー内を全反射しながら進んでいくため，途中で光が漏れないようになっている。

④ 波が異なった媒質に入射するとき，境界面で一部が反射され，一部は屈折して進む。このとき波の波長は変化しない。

⑤ 水中にある物体が実際にある位置よりも浅い位置にあるように見えるのは，光の干渉によるものである。

No.18 （解答 ▶ P.12）

波源S_1から一定の波が出ている。この波は2秒間に5回の割合で振動し，波源S_1から45cm離れたS_2に3秒後に届いた。これより，この波の周期と波長の組合せとして，正しいものはどれか。

	周期	波長
①	0.4秒	6.0cm
②	0.4秒	15cm
③	0.4秒	30cm
④	2.5回	6.0cm
⑤	2.5回	15cm

No.19 （解答 ▶ P.12）

次の（ア）～（カ）の現象のうち，波の干渉，屈折，ドップラー効果と関連するものをすべて選んだ組合せとして，最も妥当なものはどれか。

（ア）2つのギターの同じ弦を弾いた。各弦の出す音がわずかに違っていたため，音の強弱が繰り返し聞こえた。

（イ）救急車がサイレンを鳴らして通りすぎるとき，聞こえる音の高さが変化した。

（ウ）よく晴れた日は，昼間より夜のほうが，遠くのお寺の鐘の音がよく聞こえた。

（エ）音速の測定を，朝と昼に行うと昼のほうが速くなった。

（オ）同じ振動数の一定の音が出ている2つのスピーカーの前を横切ると，音が大きくなったり小さくなったりして聞こえた。

（カ）映画館の出入り口が少し開くと，扉の反対側にいた人にも，館内の音が聞こえた。

	干渉	屈折	ドップラー効果
①	オ	ウ，カ	イ
②	ア	ウ	イ，オ
③	ア	ウ，カ	イ
④	ア，オ	ウ，エ	イ
⑤	ア，オ	ウ	イ

No.20

（解答 ▶ P.12）

近年発達した科学技術について述べた次の記述のうち，誤りを含むものはどれか。

① 定磁場中に置いたある種の原子核に，一定の周波数の電磁波を当てたときに共鳴して電磁波を吸収する性質を利用して生体内部を映像化する装置をMRIという。

② X線は可視光線より振動数が高い光で，物を透過する性質が強く，レントゲン写真などに幅広く利用されている。

③ 超音波はエネルギー密度が高く，広がりにくい性質を持つ波であるため，遠くまでよく伝わる。これを利用して，距離測定，ホログラムなど様々な応用例がある。

④ 発電と同時に出る排熱を，新たな低温熱源として利用できるように設計されたエネルギー供給システムを，コージェネレーションシステムという。

⑤ 温度が下がると，導線の電気抵抗が無くなる現象を超伝導という。リニアモーターなど様々な応用が考えられているが，常温付近での実現が課題である。

No.21

（解答 ▶ P.12）

次の記述のうち，間違っているものはどれか。

① 波の振動数が一定のとき，その波長と速度は比例する。

② 導線を流れる電流の強さは，電圧に比例し，その導線の電気抵抗に反比例する。

③ 地球上で物体が落下するとき，空気抵抗を無視できるとすると，ある時刻における落下距離は，落下時間に比例する。

④ 直線電流は，電流の周囲に同心円状の磁界を作り出す。右ねじが進む向きを電流の向きと一致させると，右ねじを回す向きが磁界の向きになる。

⑤ 一定量の液体に熱量を加えると，加えた熱量とその温度変化は比例する。

第5章 電気物理学

No.1

（解答 ▶ P.13）

抵抗R_1，R_2，R_3を図のようにつないでこの回路に100Vの電圧をかけた。R_1に流れる電流は何Aか。

ただし，$R_1=5\Omega$，$R_2=20\Omega$，$R_3=16\Omega$，とする。

①　1A

②　2A

③　3A

④　4A

⑤　5A

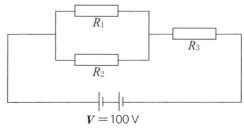

No.2

（解答 ▶ P.13）

図のように$r_1=6\Omega$，$r_2=4\Omega$，$r_3=12\Omega$の抵抗を接続し，1.5Vの乾電池4個を直列につなぎ電流を流した。電圧計，電流計の目盛りはそれぞれいくらか。

ただし，乾電池の内部抵抗はないものとする。

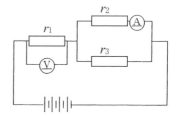

	V	A
①	4.0	0.67
②	6.0	0.67
③	4.0	0.50
④	6.0	0.50
⑤	2.0	0.50

No.3

（解答 ▶ P.13）

次のような回路，ア～ウのそれぞれの電流計に流れる電流の大きさを比較している。大小関係の正しいものはどれか。なお，電圧はア～ウともに同じである。

ア　　　　　　　　イ　　　　　　　　ウ

　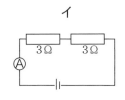　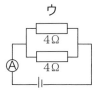

① ア＝イ＝ウ

② ア＞イ＞ウ

③ ウ＞ア＞イ

④ イ＞ア＞ウ

⑤ ウ＞イ＞ア

No.4

（解答 ▶ P.13）

100V用1000Wの電気コタツがある。これを80Vで使用するとき，何Wの電力を消費するか。

① 300W

② 320W

③ 400W

④ 640W

⑤ 使用不能

図の電源装置，電熱線，電流計，電圧計を用いて電熱線に流れる電流，電熱線にかかる電圧を調べるための回路は次のうちどれが正しいか。

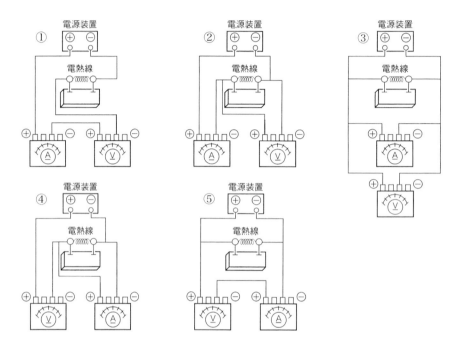

送電線の電圧は高電圧である。この理由として正しいのはどれか。

① 電力は電流の二乗に比例し，また電流は電力に比例し電圧に反比例するため，高電圧は電力の消耗を小さくする。
② 送電電力は抵抗に反比例する。高電圧は抵抗を小とするから，多量の送電が可能である。
③ 送電電力は電圧に比例するから，多量の送電が可能である。
④ 途中で失われる電力は電流と電圧の積であるから，高電圧は多量の送電力となる。
⑤ 電力は電流の三乗に比例するから，高電圧の多量の送電が可能になる。

No.7

（解答▶P.14）

同じ抵抗値の電熱線を使って図のような回路を作り，電流を流した。抵抗A，B，Cに流れる電流の大きさについて正しく表したものはどれか。

① 　A＞B＞C

② 　A＞C＞B

③ 　B＞A＞C

④ 　B＞C＞A

⑤ 　C＞A＞B

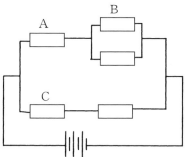

No.8

（解答▶P.14）

100V用50Wの電球と100V用100Wの電球を用いて図のような回路をつくった。この回路の消費電力はいくらか。

① 　50W

② 　100W

③ 　125W

④ 　200W

⑤ 　250W

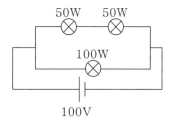

下の図の回路において，抵抗Aに1Aの電流が流れているとき，電球Lの電力は何Wか。

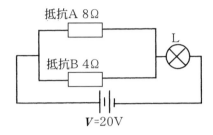

① 12W

② 24W

③ 36W

④ 48W

⑤ 60W

次の文の下線部(A) ～ (E) の語句のうち，間違っているものを選べ。

導線に直流電流を流すと，電流の方向に対して(A)右回り磁力線が生じる。これを(B)右ねじの法則という。磁界の強さは (C)電流に比例し， (D)距離の二乗に比例する。また，コイル状に巻いた導線の周りの磁界を変化させると，コイルに電流が流れる。この電流を (E)誘導電流という。

① A

② B

③ C

④ D

⑤ E

No.11

(解答 ▶ P.15)

電気に関する記述のうち，間違っているものはどれか。

① 直流電流による磁界の強さは電流の強さに比例し，導線からの距離に反比例する。

② 2つの帯電体間にはたらく静電気力は，それらの電荷の積に比例し，両者間の距離の二乗に反比例する。

③ 導線に一定の電流を流したときの発熱量は，電圧に比例し，抵抗の二乗に反比例する。

④ 同じ導線の抵抗の大きさは長さに比例し，断面積に反比例する。

⑤ 陰極線の本体は電磁波ではなく，高速度の負電荷の微粒子の流れである。

No.12

(解答 ▶ P.15)

右の電気回路の電流計が示す値として正しいものはどれか。

① 11.00A

② 11.25A

③ 15.00A

④ 15.45A

⑤ 18.00A

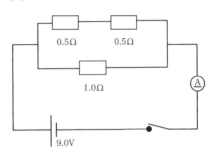

No.13

(解答 ▶ P.15)

図の直流回路において，最も大きな電流が流れている抵抗はどれか。

① 3Ωの抵抗

② 12Ωの抵抗

③ 2Ωの抵抗

④ 6Ωの抵抗

⑤ 3Ωの抵抗と2Ωの抵抗が同じ値で最大

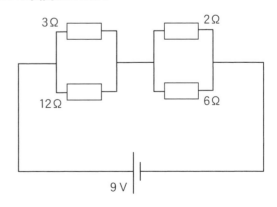

（解答 ▸ P.15）

100V用80Wの電球を100Vの電源につないだとき，流れる電流とこの電球の抵抗として正しいものはどれか。

	電流	抵抗
①	0.4A	250Ω
②	0.8A	80Ω
③	0.8A	125Ω
④	1.25A	80Ω
⑤	1.25A	250Ω

 （解答 ▸ P.15）

電熱線に電圧V（V）を加えて電流I（A）を流すと，1秒間に$V \times I$（J）の熱量が発生する。いま，ある6Ωの電熱線に3Vの電圧をかけて7分間電流を流した。このとき発生した熱量で，60gの水の温度は何℃上昇するか。ただし，発生した熱量はすべて水の温度上昇に用いられるものとする。また，水の比熱は4.2J/g・Kとする。

① 1.0℃

② 1.5℃

③ 2.0℃

④ 2.5℃

⑤ 3.0℃

No.16

（解答 ▸ P.15）

下の図のような電気回路がある。はじめスイッチはオフになっていた。このあと，スイッチをオンにして流れる電流の大きさを比較する。スイッチを入れたときに電流計が示す値は，スイッチを入れる前の何倍になるか。なお，この回路で用いられている抵抗はすべて1Ω，電源は直流電源を用いている。

① $\frac{1}{2}$倍

② $\frac{2}{3}$倍

③ $\frac{3}{2}$倍

④ $\frac{4}{3}$倍

⑤ $\frac{5}{4}$倍

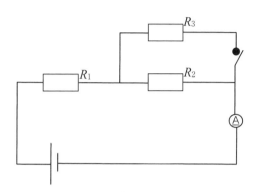

No.17

（解答 ▸ P.16）

次の記述のうち，正しいものはどれか。

① 地球を大きな磁石と考えたとき，北極付近にN極，南極付近にS極があるため，方位磁石のN極は北を指す。

② コイルを貫く磁界を変化させると，コイルに電流が流れる。これをキルヒホッフの法則という。

③ 同じ電気抵抗の豆電球を直列につないだ場合と，並列につないだ場合を比べると，直列につないだほうが豆電球全体の電気抵抗は大きくなる。

④ 金属線を流れる電流は，金属線の抵抗に比例する。この関係をオームの法則という。

⑤ ガラスやゴムは，電気抵抗が非常に小さく，電流がほとんど流れないため，不導体，絶縁体と呼ばれる。

第6章 原子と原子核

No.1

（解答 ▶ P.16）

次の文の（　）に入れる語句の正しい組合せのものはどれか。

　放射線は，ラザフォードの研究によりその通過力の大小によって３つに分けられる。通過力の小さい順に並べると，プラス電荷をもつ（ア）線。マイナス電荷をもつ（イ）線。電気的に中性な（ウ）線と名づけられた。（ア）は（エ）の原子核，（イ）は高速の（オ）の流れ，（ウ）は（カ）であることが証明された。

	ア	イ	ウ	エ	オ	カ
①	α	β	γ	ヘリウム	電子	電磁波
②	γ	β	α	ヘリウム	電子	電磁波
③	α	β	γ	水素	電子	電磁波
④	γ	β	α	電磁波	電子	ヘリウム
⑤	α	β	γ	水素	電子	光

No.2

（解答 ▶ P.16）

放射性元素がα線を出すとα線はHe核であるから陽子が2減少，質量数が4減少する。β線を出すとこれは中性子から出る電子があるため陽子が1増加し質量数は変化しない。

いま，$^{226}_{88}$Raが$^{206}_{82}$Pbになるためにはα崩壊を何回，β崩壊を何回行うか。

	α崩壊	β崩壊
①	5回	4回
②	5回	3回
③	5回	5回
④	6回	4回
⑤	6回	5回

化　学

第1章 物質の構造

No.1 （解答 ▶ P.17）

ダイヤモンドと同素体の関係にある物質は，次のうちどれか。

① 塩化ナトリウム
② ドライアイス
③ 金
④ 黒鉛
⑤ 水

No.2 （解答 ▶ P.17）

アンモニア合成法 $N_2 + 3H_2 \rightarrow 2NH_3$ において，水素を1.5L完全に反応させたら同温，同圧のもとでアンモニアは何Lできるか。

① 1L
② 1.5L
③ 2L
④ 2.5L
⑤ 3L

No.3 （解答 ▶ P.17）

次の各物質の変化で質量保存の法則に適応しているものはどれか。

① 銅と亜鉛とを溶かして真ちゅうにしたとき，銅と亜鉛の質量の合計と，真ちゅうの質量。
② 水を凍らせたとき，凍る前の水の質量と，できた氷の質量。
③ 銅線に電気を流したとき，流す前の銅線の質量と，流したときの銅線の質量。
④ 食塩を水に溶かしたとき，食塩と水の質量の合計と，できた食塩水の質量。
⑤ マグネシウムを燃やしたとき，マグネシウムと酸素の質量の和は燃焼の結果生じた酸化マグネシウムの質量と同じである。

No.4

（解答 ▶ P.17）

$N_2 + 3H_2 \rightarrow 2NH_3$の反応においてチッ素4L，水素9Lを反応させると，反応後の体積は何Lになるか。ただし，反応前後の温度，圧力の変化はないものとする。

① 6L

② 7L

③ 8L

④ 12L

⑤ 13L

No.5

（解答 ▶ P.17）

2.3gのエタノールC_2H_5OHを完全燃焼させるためには標準状態で空気が何L必要か。

ただし，空気の成分体積比　チッ素：酸素＝4：1とする。また，原子量はH＝1.0　C＝12.0　O＝16.0とする。

① 1.68L

② 2.24L

③ 3.36L

④ 16.8L

⑤ 22.4L

No.6

（解答 ▶ P.17）

プロパンガスC_3H_8を完全燃焼させたとき，燃焼に必要な酸素O_2との体積比の正しいものを次の中から選べ。

	プロパン		酸素
①	1	:	1
②	1	:	2
③	1	:	3
④	1	:	5
⑤	2	:	5

No.7 （解答 ▶ P.17）

次の気体の中で，最も軽いものを挙げよ。

原子量は$H=1$　$C=12$　$N=14$　$O=16$とする。

① NH_3

② CO_2

③ O_2

④ NO_2

⑤ CO

No.8 （解答 ▶ P.18）

次の合金で一番多くの種類の金属による合金はどれか。

① 真ちゅう

② ステンレス

③ ハンダ

④ ジュラルミン

⑤ 青銅

No.9 （解答 ▶ P.18）

A 〜 Fの物質は単体，化合物および混合物のいずれかに分類できる。単体のみの組合せは，次のうちどれか。

A　ベンゼン　　B　ヘリウム　　C　スクロース（ショ糖）

D　黒鉛　　　　E　食塩水　　　F　プロパン

① A，F

② B，D

③ C，E

④ B，F

⑤ C，D

No.10

（解答 ▶ P.18）

分子量および式量とモル（mol）に関する次の文中の空欄A，Bに該当する数値の組合せとして，正しいものはどれか。

　ある分子を構成する原子の原子量の総和を分子量という。したがって，分子量は，分子式と原子量がわかれば求められる。たとえば，水素と酸素の原子量は，それぞれ1.0，16.0だから，水（H_2O）の分子量は1.0×2＋16.0＝18.0となる。また，分子が存在しない物質の場合には，これらの物質の組成式と原子量から，分子量に相当する量を求める。これを式量という。たとえば酸化アルミニウムの式量は，アルミニウムの原子量が27.0で酸素が16.0であるから（　A　）となる。1molは分子量g，または式量gだから製練時における融解液中の酸化アルミニウム20.4gは（　B　）molとなり，この中にはAl^{3+}が（　C　）mol，O^{2-}が（　D　）mol含まれている。

	A	B	C	D
①	43	0.47	0.47	0.47
②	59	0.35	0.70	1.05
③	102	0.20	0.20	0.40
④	102	0.20	0.20	0.20
⑤	102	0.20	0.40	0.60

No.11

（解答 ▶ P.18）

次の記述でa ～ eに入る語の組合せの正しいものを下から選べ。

「物質を構成する最小基本粒子の１つは　a　である。この構造は中心に　b　があり，陽電荷をもつ　c　と電荷をもたない　d　からできている。また　b　の周囲に陰電荷をもつ　e　が層の状態で存在している。」

	a	b	c	d	e
①	分子	原子核	陽子	電子	中性子
②	分子	中性子	陽子	原子核	電子
③	原子	中性子	陽子	原子核	電子
④	原子	原子核	陽子	中性子	電子
⑤	原子	原子核	電子	中性子	陽子

No.12 （解答 ▶ P.18）

亜鉛1.3gに希硫酸を十分加えて水素を発生させた。標準状態で発生する水素の体積は何Lか。原子量はZn＝65とする。

① 0.224L

② 0.448L

③ 2.24L

④ 4.48L

⑤ 22.4L

No.13 （解答 ▶ P.18）

標準状態でプロパンC_3H_8 5.6Lを完全燃焼すると，水は何gできるか。

原子量はH＝1.0　O＝16とする。

① 9g

② 18g

③ 27g

④ 36g

⑤ 45g

No.14 （解答 ▶ P.18）

ある金属M 4.0gを酸化したら，化学式MOで表される酸化物5.0gが生じた。金属M の原子量を求めよ。原子量はO＝16である。

① 24

② 39

③ 56

④ 64

⑤ 70

No.15

（解答 ▶ P.18）

次の文章の空欄に当てはまる語句の組合せとして，最も妥当なものはどれか。

　宇宙で最も多く存在している元素は（　A　）である。一方，地球の地殻に最も多く存在している元素は（　B　）である。（　B　）の次に多く存在している元素は（　C　）で，ガラスや半導体の材料である。

	A	B	C
①	水素	酸素	炭素
②	水素	酸素	ケイ素
③	酸素	水素	炭素
④	酸素	水素	ケイ素
⑤	酸素	ケイ素	炭素

No.16

（解答 ▶ P.19）

一酸化窒素を酸化して二酸化窒素を作る反応式は次の通りである。

$2NO + O_2 \rightarrow 2NO_2$

一酸化窒素3.5Lと酸素1.0Lを混ぜて反応させると，反応後の体積は何Lになるか。ただし，体積は同温同圧で測るものとする。

① 1.5L

② 2.0L

③ 2.5L

④ 3.0L

⑤ 3.5L

次の記述のうち，間違っているものはどれか。ただし，原子量はH＝1.0　O＝16とする。

① 粒子数が6.02×10^{23}個ある集団の量を1molという。

② 標準状態の水素1molの体積は22.4Lであるが，二酸化炭素も同じ22.4Lである。

③ ^{12}C原子1個の質量を12と定め，これを基準として各原子の相対質量を求め，存在比をかけて平均した値を原子量という。

④ 二酸化炭素CO_2とアンモニアNH_3各1molの中に含まれる原子の総数は同じである。

⑤ 水H_2O 18g中の水の分子数は6.02×10^{23}個である。

次の原子・イオンが持っている電子数の組合せとして，最も妥当なものはどれか。

原子番号　He＝2　N＝7　O＝8　Al＝13

	He	Al^{3+}	$NO_3{}^-$
①	2	10	32
②	2	13	31
③	3	13	32
④	4	16	31
⑤	4	16	32

プロパンC_3H_8 22gを完全燃焼させるには，酸素は何mol必要か。

原子量はH＝1.0　C＝12とする。

① 0.25mol

② 0.50mol

③ 1.0mol

④ 2.5mol

⑤ 5.0mol

No.20　（解答 ▶ P.19）

次の文章a～cはどの化学法則について述べたものか。最も妥当な組合せを選べ。

a　すべての物質は，原子という最小単位の微粒子で構成されている。

b　同温，同圧において，同体積の気体に含まれる分子の数は気体の種類に関わらずすべて同じである。

c　同温，同圧において，反応に関与する気体の体積比は，簡単な整数比になる。

	a	b	c
①	アボガドロの法則	ドルトンの原子説	気体反応の法則
②	アボガドロの法則	気体反応の法則	ドルトンの原子説
③	ドルトンの原子説	アボガドロの法則	気体反応の法則
④	ドルトンの原子説	気体反応の法則	アボガドロの法則
⑤	気体反応の法則	ドルトンの原子説	アボガドロの法則

No.21　（解答 ▶ P.19）

次の文章a～cに当てはまる物質の組合せとして，最も妥当なものはどれか。

a　化合物に分類されるもの。

b　完全燃焼によって，二酸化炭素CO_2のみを生じるもの。

c　陰イオンになりやすいもの。

	a	b	c
①	オゾン	ダイヤモンド	ナトリウム
②	オゾン	マグネシウム	フッ素
③	オゾン	ダイヤモンド	フッ素
④	ドライアイス	マグネシウム	ナトリウム
⑤	ドライアイス	ダイヤモンド	フッ素

次の文章の空欄に当てはまる語句の組合せとして，最も妥当なものはどれか。

　原子が電子を失うと（　ア　）になり，原子が電子を受け取ると（　イ　）になる。原子番号19番のカリウムKがイオンになるとK^+となり，このとき電子を（　ウ　）個もっている。また，原子番号8番の酸素OがイオンになるとO^{2-}となり，このとき電子を（　エ　）個もった状態になる。

	ア	イ	ウ	エ
①	陽イオン	陰イオン	18	10
②	陽イオン	陰イオン	19	7
③	陽イオン	陰イオン	19	9
④	陰イオン	陽イオン	20	6
⑤	陰イオン	陽イオン	20	10

一酸化炭素の完全燃焼は，次の反応式で表される。

$$2CO + O_2 \rightarrow 2CO_2$$

以下の文章の空欄に適する数値の組合せとして，最も妥当なものはどれか。

(1)　2.8gの一酸化炭素COが完全燃焼すると，（　A　）gの二酸化炭素CO_2が生じる。

(2)　1.4gの一酸化炭素COを完全燃焼させるには，（　B　）gの酸素O_2が必要である。

(3)　一酸化炭素COと酸素O_2が2.8Lずつある。完全燃焼させると，（　C　）が（　D　）L反応せずに残る。

	A	B	C	D
①	8.8	0.8	酸素	1.4
②	8.8	1.6	一酸化炭素	0.4
③	4.4	0.8	一酸化炭素	0.4
④	4.4	0.8	酸素	1.4
⑤	4.4	1.6	酸素	1.4

No.24 (解答 ▶ P.20)

次の記述ア～エより，正しいものをすべて選んだ組合せとして最も妥当なものはどれか。

ア　固体中の粒子は，まったく熱運動していない。

イ　液体中の粒子は，粒子間に引力がはたらくが，位置を移動することができる。

ウ　気体中の粒子は，温度に応じた熱運動をしており，同じ温度では，すべての粒子が同じ運動エネルギー
　　をもつ。

エ　気体分子の熱運動の運動エネルギーは，温度が高くなるほど大きくなる。

① ア，エ

② ア，イ，エ

③ イ，エ

④ ウ，エ

⑤ イ，ウ，エ

No.25 (解答 ▶ P.20)

純粋な物質の固体は結晶であることが多い。結晶を作る結合の種類によって大きく4つに分けることができるが，それぞれ代表的な化合物を挙げた組合せとして，最も妥当なものはどれか。

	分子結晶	共有結合による結晶	イオン結晶	金属結晶
①	ドライアイス	塩化ナトリウム	ダイヤモンド	鉄
②	ドライアイス	鉄	塩化ナトリウム	ダイヤモンド
③	ダイヤモンド	ドライアイス	塩化ナトリウム	鉄
④	ドライアイス	ダイヤモンド	塩化ナトリウム	鉄
⑤	ダイヤモンド	塩化ナトリウム	ドライアイス	鉄

第2章 物質の三態変化

No.1（解答 ▶ P.21）

次の文は気体に関する法則である。正しい組合せのものはどれか。

① 同温，同圧のもとで，一定体積中に含まれる気体の分子数は気体の種類に関係なく，同数である
   ………………………………………………………………………… アボガドロの法則
② 温度一定のとき，一定量の気体の体積は圧力に反比例する………………… 気体反応の法則
③ 混合気体の全圧は，各成分気体の分圧の和に等しい………………… シャルルの法則
④ 反応物及び生成物が気体の場合，反応，及び生成する各気体の体積の間には簡単な整数比の関
   係がある………………………………………………………………… ドルトンの分圧の法則
⑤ 圧力一定のとき，一定量の気体の体積は絶対温度に比例する………………… ボイルの法則

No.2（解答 ▶ P.21）

次の化学平衡で，温度を一定にしておいて圧力を増加すると反応が左へ移動するものはどれか。

① $2CO + O_2 \rightleftarrows 2CO_2$
② $H_2 + Cl_2 \rightleftarrows 2HCl$
③ $N_2 + 3H_2 \rightleftarrows 2NH_3$
④ $2NO + O_2 \rightleftarrows 2NO_2$
⑤ $N_2O_4 \rightleftarrows 2NO_2$

No.3

(解答 ▶ P.21)

次の記述のうち，正しいものの組合せとして最も妥当なものはどれか。

ア　液体が固体になるときには，熱を放出する。

イ　融点と凝固点の異なる，同一の純物質が存在する。

ウ　沸点以下の温度でも，蒸発は起こっている。

エ　大気圧が1気圧以上になると，水の沸点は100℃よりも低くなる。

オ　固体から気体に，気体から固体に直接変化する現象を，いずれも昇華という。

① ア，イ，エ

② ア，イ，オ

③ ア，ウ，オ

④ イ，ウ，エ

⑤ イ，ウ，オ

No.4

(解答 ▶ P.21)

次の文章の空欄に当てはまる語句の組合せとして，最も妥当なものを選べ。

　固体，液体，気体の3つの状態を物質の三態といい，温度や圧力の変化に伴い，これら3つの状態間で変化が生じる。たとえば，液体が熱を（　A　）して固体に変化する現象を（　B　）という。このような物質の変化を（　C　）変化という。

	A	B	C
①	吸収	凝縮	化学
②	吸収	凝固	物理
③	放出	凝縮	化学
④	放出	凝固	物理
⑤	放出	凝縮	物理

第3章 溶 液

No.1 （解答 ▶ P.22）

コロイド溶液の性質の説明で間違っているものはどれか。

① チンダル現象 ——— 光を当てると光の通路が明るく見える現象
② ブラウン運動 ——— 直流電流を流すと一方の電極にコロイド粒子が移動する現象
③ 透析 ————— 半透膜の袋にコロイド溶液を入れて流水中でイオンや分子とコロイド粒子を分離する方法
④ ゲル化 ————— ゾル状のコロイドが熱や薬品により半固体になる現象
⑤ 凝析 ————— 疎水コロイド溶液に少量の電解質を加えコロイド粒子を沈でんさせる方法

No.2 （解答 ▶ P.22）

水酸化ナトリウムNaOH 0.4gを水に溶かして200mLの水溶液をつくった。
この水溶液のモル濃度はいくらか。原子量はH＝1.0　O＝16.0　Na＝23.0とする。

① 0.01mol/L
② 0.02mol/L
③ 0.03mol/L
④ 0.04mol/L
⑤ 0.05mol/L

No.3 （解答 ▶ P.22）

水酸化鉄（Ⅲ）のコロイド溶液を顕微鏡で見ると，水酸化鉄（Ⅲ）のコロイドが不規則な運動をしているのが見られる。これは次のどんな理由からか。

① $Fe(OH)_3$がFe^{3+}とOH^-に電離してそれらの反発力による現象。
② $Fe(OH)_3$が自身運動するため。
③ 運動している水分子が$Fe(OH)_3$の粒子にぶつかるため。
④ $Fe(OH)_3$の粒子はいずれも正の電気を帯びており互いに反発するため。
⑤ $Fe(OH)_3$の粒子は正および負の電気を帯びているため互いに引力および反発力をおよぼすため。

No.4

（解答 ▶ P.22）

1mol/Lの硫酸100mL中に含まれるH_2SO_4の量はいくらか。

ただし，原子量はH＝1　O＝16　S＝32である。

① 4.9g

② 9.8g

③ 10.2g

④ 14.7g

⑤ 19.5g

No.5

（解答 ▶ P.22）

右図は硝酸カリウムの溶解度曲線である。60℃の硝酸カリウム
飽和溶液100gを20℃まで冷却すると約何gの硝酸カリウムが再
結晶として析出するか。

① 30g

② 38g

③ 40g

④ 48g

⑤ 50g

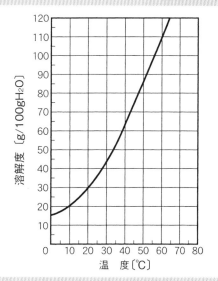

No.6

（解答 ▶ P.22）

水酸化ナトリウムNaOH 2.0gを水に溶かして100mLとした。これを中和するには1.0mol/L硫酸が何mL必
要か。原子量はH＝1.0　O＝16　Na＝23とする。

① 25mL

② 50mL

③ 100mL

④ 150mL

⑤ 200mL

No.7

15℃で水100gに食塩35.8gが溶ける（飽和溶液）。それでは15℃で食塩の飽和溶液200g中には何gの食塩が溶けているか。

①　41.6g

②　47.5g

③　52.7g

④　64.5g

⑤　71.6g

No.8

標準状態で0.56Lのアンモニアを水に溶かして100mLとした。
この溶液のモル濃度はいくらか。

①　0.025mol/L

②　0.25mol/L

③　0.50mol/L

④　1.0mol/L

⑤　2.5mol/L

No.9

塩化カリウムの水に対する溶解度は，20℃で35，80℃で50である。80℃の塩化カリウム飽和溶液200gを20℃に冷却すると，塩化カリウムは何g析出するか。

①　5g

②　10g

③　15g

④　20g

⑤　30g

No.10

（解答 ▶ P.23）

一定量の水と，その水に接している溶解度の低い気体がある。温度一定において接している気体の圧力Pを横軸，水に溶けた気体の量M（物質量）を縦軸に表したとき，最も妥当なグラフはどれか。

①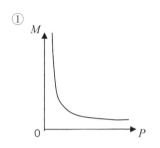

②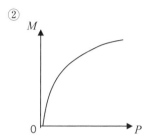

③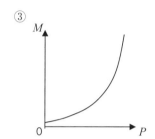

④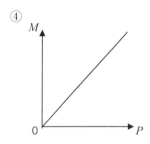

⑤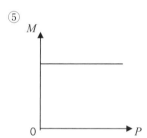

No.11

（解答 ▶ P.23）

結晶Aの水に対する溶解度は，20℃で15，60℃で60である。60℃における結晶Aの飽和溶液80gを20℃に冷却すると，何gの結晶Aが得られるか。ただし，結晶Aは無水物として析出するものとする。

① 15g

② 18.5g

③ 22.5g

④ 31.5g

⑤ 36g

塩化ナトリウムNaCl水溶液に硝酸銀AgNO₃水溶液を加えると，次の反応式のように塩化銀AgClの沈殿が生じる。

$NaCl + AgNO_3 \rightarrow AgCl + NaNO_3$

1.0mol/Lの塩化ナトリウム水溶液100mLと1.0mol/Lの硝酸銀水溶液50mLを混合したときの量的変化について正しく述べたものはどれか。

① 塩化銀AgClの沈殿が0.1mol生じて，塩化ナトリウムNaClが0.05mol残る。

② 塩化銀AgClの沈殿が0.1mol生じて，硝酸銀AgNO₃が0.05mol残る。

③ 塩化銀AgClの沈殿が0.05mol生じて，塩化ナトリウムNaClが0.05mol残る。

④ 塩化銀AgClの沈殿が0.05mol生じて，硝酸銀AgNO₃が0.05mol残る。

⑤ 塩化銀AgClの沈殿が0.05mol生じて，反応物は残らない。

第2編

第4章 酸・塩基

No.1

（解答 ▶ P.23）

酸とアルカリに関する記述として正しいのは，次のうちどれか。

① 塩化水素の水溶液は赤色リトマス紙を青色に変える。

② アンモニアは水と反応して水素イオンを生じる。

③ 水酸化ナトリウムの水溶液はpH7以下を示す。

④ 銅に希硝酸を加えると一酸化窒素NOを発生し銅は溶ける。

⑤ 濃硝酸に亜鉛片を入れると水素が発生する。

No.2

（解答 ▶ P.23）

水酸化物イオン濃度 $[OH^-]$ が 10^{-6} mol/Lの水溶液のpHは次のうちどれか。

① pH 1

② pH 3

③ pH 6

④ pH 8

⑤ pH 10

No.3

（解答 ▶ P.23）

強酸と弱酸の説明として，正しいのはどれか。

① モル濃度の高いのが強酸で，濃度の薄いのが弱酸である。

② リトマス試験紙が青になるのが強酸で，赤になるのが弱酸である。

③ 比重の大きいのが強酸で，小さいのが弱酸である。

④ 電離度が1.0に近い酸が強酸で，0に近い酸が弱酸である。

⑤ 強酸はすべての金属を溶かすが，弱酸は溶かさない。

次の物質の水溶液で強酸と弱塩基の組合せはどれか。

（ア）CH_3COOH　　（イ）HCl　　（ウ）H_2S

（エ）$NaOH$　　　　（オ）NH_3　　（カ）$Ca(OH)_2$

① （ア）と（エ）

② （イ）と（オ）

③ （ウ）と（カ）

④ （イ）と（エ）

⑤ （ウ）と（オ）

次の文章の空欄に当てはまる語句の組合せとして，最も妥当なものはどれか。

　酸と塩基が反応して，塩と水が生じる反応を（　A　）という。水酸化ナトリウム水溶液と塩酸を混ぜると，（　A　）反応が起きて塩化ナトリウムと水を生じる。このとき水溶液の性質は（　B　）となる。

　酸・塩基の組合せによっては，（　B　）以外の性質を示すことがある。アンモニア水と塩酸では，（　C　）性，水酸化ナトリウム水溶液と酢酸水溶液では（　D　）性を示す。

	A	B	C	D
①	中和	中性	塩基	酸
②	酸化還元	酸性	塩基	酸
③	中和	酸性	酸	塩基
④	酸化還元	塩基性	酸	塩基
⑤	中和	中性	酸	塩基

No.6

（解答 ▶ P.24）

下の図のア～ウに当てはまる物質の組合せとして，最も妥当なものを選べ。

	ア	イ	ウ
①	食酢	雨水	セッケン水
②	食酢	雨水	醤油
③	食酢	血液	セッケン水
④	雨水	血液	醤油
⑤	雨水	血液	セッケン水

No.7

（解答 ▶ P.24）

次の物質のうち，2価の強酸と2価の強塩基を選んだ組合せとして正しいものはどれか。

（ア）水酸化マグネシウム

（イ）水酸化カルシウム

（ウ）希塩酸

（エ）希硫酸

（オ）酢酸

	2価の強酸	2価の強塩基
①	（ウ）	（ア）
②	（ウ）	（イ）
③	（エ）	（ア）
④	（エ）	（イ）
⑤	（オ）	（ア）

（解答 ▶ P.24）

次の文章の空欄に当てはまる語句の組合せとして，最も妥当なものはどれか。

プレンステッドの定義では，H⁺を与える物質を酸，H⁺を受け取る物資を塩基という。この，酸・塩基を性質の強弱で分類すると，水酸化ナトリウムNaOHは（ A ），塩酸HClは（ B ），酢酸CH₃COOHは（ C ），アンモニアNH₃は（ D ），炭酸は（ E ）に分類される。

	A	B	C	D	E
①	強塩基	強酸	弱酸	強塩基	強酸
②	強塩基	弱酸	強酸	強塩基	弱酸
③	弱塩基	弱酸	弱酸	弱塩基	強酸
④	強塩基	強酸	弱酸	弱塩基	弱酸
⑤	弱塩基	強酸	強酸	強塩基	強酸

（解答 ▶ P.24）

次の文章の空欄に当てはまる語句の組合せとして，最も妥当なものはどれか。

水溶液などの酸・塩基の強さによって色が変わる試薬を，酸・塩基指示薬という。代表的なリトマスは，リトマス試験紙として利用されている。リトマス紙は，酸性を示す溶液に浸すと（ ア ）色を示す。

中和滴定で用いられるフェノールフタレイン溶液は，酸性・中性では無色だが塩基性では（ イ ）色になる。

ブロモチモールブルーはBTB溶液として用いられ，酸性では（ ウ ）色を示す。

	ア	イ	ウ
①	青	赤	黄
②	青	青	緑
③	赤	青	黄
④	赤	赤	黄
⑤	赤	赤	青

第2編

第5章 酸化・還元

No.1

（解答 ▶ P.24）

硫酸銅水溶液に次の金属を入れたとき，金属の表面に銅が析出するものはどれか。

① Ag
② Fe
③ Pt
④ Au
⑤ Hg

No.2

（解答 ▶ P.24）

栓をしていない試験管に次の各物質を入れ加熱した。化学反応がおきる前後の質量を比べたとき，反応後の質量が増加しているものはどれか。

ア　塩素酸カリウム
イ　硫酸カリウム
ウ　銅粉
エ　炭酸水素ナトリウム
オ　濃塩酸

① ア
② イ
③ ウ
④ エ
⑤ オ

No.3 (解答 ▸ P.24)

希塩酸を水酸化ナトリウム水溶液で中和滴定したときの記述として正しいものはどれか。

① 中和点まではCl⁻は減少する。
② 中和点まではイオンの総数は変化しない。
③ 中和点まではH⁺は減少するのでイオン総数は減少する。
④ 中和点ではイオンはなくなる。
⑤ 中和点まではOH⁻が増加する。

No.4 (解答 ▸ P.24)

白金の電極を浸し，それに起電力3Vの乾電池と豆電球を導線を用いて接続したとき，両極から気体が発生する溶液はどれか。

① 塩酸
② 砂糖水
③ エタノール水溶液
④ 硫酸銅水溶液
⑤ 塩化銅水溶液

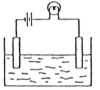

No.5 (解答 ▸ P.24)

溶液中におけるイオンに関する記述として正しいのは次のうちどれか。

① 食塩が水に溶けると，陰イオンである塩化物イオンと陽イオンであるナトリウムイオンが2：1の割合でできる。
② 砂糖やエタノールのように水に溶ける物質は，水溶液中で必ず陽イオンと陰イオンに分かれる。
③ 水溶液の中には水素イオンH⁺と水酸化イオンOH⁻があり，水溶液が酸性かアルカリ性かは水素イオン濃度で決まる。
④ 原子がその中の電子を失うと陰イオンになり，電子を他から受け取ると陽イオンになる。
⑤ 塩化ナトリウムと硝酸銀のように，2種類の塩の水溶液を混ぜると，同じ符号のイオンどうしが結合して沈殿をつくることがある。

No.6

（解答 ▶ P.25）

$NaCl+(\quad)+NH_3+CO_2\rightarrow NaHCO_3\downarrow+NH_4Cl$

上の化学反応式で（　）内に入る物質は何か。

① HCl

② H_2O

③ NaOH

④ CH_4

⑤ Na

No.7

（解答 ▶ P.25）

次の中で還元剤はどれか。

① 塩素

② 濃硝酸

③ 濃硫酸

④ 過マンガン酸カリウム

⑤ シュウ酸

No.8

（解答 ▶ P.25）

ガラスびんの中に水素6.0gと酸素6.0gが入っている。電気火花を使ってこれを反応させたとき，反応終了後未反応で残っている気体はどちらで何gか。

① どちらも残っていない

② 酸素が3.0g残っている

③ 酸素が5.25g残っている

④ 水素が3.0g残っている

⑤ 水素が5.25g残っている

次の①〜⑤の反応で酸化還元反応でないものはどれか。

①　$2KI + Cl_2 \rightarrow 2KCl + I_2$

②　$4HCl + MnO_2 \rightarrow MnCl_2 + 2H_2O + Cl_2$

③　$SO_2 + 2H_2S \rightarrow 2H_2O + 3S$

④　$Fe_2O_3 + 2Al \rightarrow Al_2O_3 + 2Fe$

⑤　$CaCO_3 + 2HCl \rightarrow CaCl_2 + H_2O + CO_2 \uparrow$

電解工業に関する記述として，最も妥当なものはどれか。

①　塩化ナトリウムNaCl水溶液の電気分解による水酸化ナトリウムNaOHの製法には，隔膜法やイオン交換膜法がある。

②　銅の電解製錬では，粗銅を陽極に用いる。このとき陽極の下には，銅よりイオン化傾向の大きい金属が陽極泥としてたまる。

③　アルミニウムの融解塩電解では，酸化アルミニウムの融点より低い温度で電気分解を行うために，コークスを加える。

④　ナトリウムやマグネシウムなど，イオン化傾向の大きい単体は，これらの塩の水溶液を電気分解することで得られる。

⑤　銅の電解製錬では，陽極から銅（Ⅱ）イオンが生じるため，電解液中の銅（Ⅱ）イオンの濃度は次第に増加する。

下の図の装置に関する記述のうち，正しいものの組合せとして最も妥当なものはどれか。

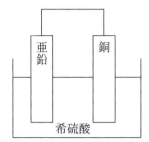

（ア）金属板を導線でつなぐと，電子は銅板から亜鉛板に向かって流れる。

（イ）金属板を導線でつなぐと，電流は銅板から亜鉛板に向かって流れる。

（ウ）金属板を導線でつなぐと，銅板で酸素が発生する。

（エ）金属板を導線でつなぐと，亜鉛板が正極，銅板が負極になる。

（オ）金属板を導線でつなぐと，亜鉛板は溶けて，銅板の表面から水素が発生する。

① （ア），（ウ）

② （イ），（オ）

③ （ウ），（エ）

④ （ア），（イ）

⑤ （イ），（ウ）

次の（ア）〜（エ）の記述を読んで，金属A，B，C，Dと水素についてイオン化傾向の大小を正しく表したものを選べ。

（ア）Bの硫酸塩の水溶液にAの単体を入れると，Aは溶けてBが析出した。

（イ）Cは希塩酸に溶けて水素を発生するが，Aは希塩酸に溶けない。

（ウ）CをAの硫酸塩の水溶液に浸すと，Cの表面にAが析出する。

（エ）Cは常温で水と反応しないが，Dは常温の水と反応して水素を発生する。

① 　D＞C＞B＞H₂＞A

② 　D＞C＞H₂＞B＞A

③ 　D＞C＞H₂＞A＞B

④ 　C＞D＞A＞H₂＞B

⑤ 　C＞D＞B＞A＞H₂

水溶液中での金属の反応性は，電子を放出して酸化される傾向の違いによる。水または水溶液中で金属が陽イオンになる性質を，イオン化傾向という。イオン化傾向をふまえて，以下に示す操作をして変化するもの（反応するもの）をすべて選べ。

ア　銅イオンを含む水溶液に，銀線を入れる。

イ　銅イオンを含む水溶液に，亜鉛板を入れる。

ウ　金属ナトリウムを水に入れる。

エ　白金板を水に入れる。

オ　塩酸に銅板を入れる。

① 　ア，ウ

② 　イ，ウ

③ 　イ，エ

④ 　ア，オ

⑤ 　エ，オ

第6章 無機化合物

No.1

（解答 ▶ P.26）

常温で水と反応して水素を発生する金属の組合せとして，正しいものは次のうちどれか。

① Na，Al，Zn

② K，Ca，Fe

③ Mg，Ca，Zn

④ Li，Na，Ba

⑤ Mg，Fe，Zn

No.2

（解答 ▶ P.26）

硝酸銀溶液を加えると白色の沈殿を生じる水溶液は次の物質のうちどれか。

① 硝酸銅

② 硝酸バリウム

③ ヨウ化ナトリウム

④ 硝酸カリウム

⑤ 塩化ナトリウム

No.3

（解答 ▶ P.26）

次に示す記述は，ある気体の性質を述べたものである。この気体は何か，正しいものを選べ。

（ア）刺激臭をもつ淡黄緑色をしている。

（イ）空気より重い。

（ウ）酸化作用をもち上水道の殺菌消毒に使用されている。

① 酸素

② 二酸化イオウ

③ 塩素

④ 二酸化炭素

⑤ アンモニア

(解答 ▸ P.26)

次の反応で黒色の沈殿物をつくる反応はどれか。

① $Cu^{2+} + 2OH^- \rightarrow Cu(OH)_2 \downarrow$

② $Ag^+ + Cl^- \rightarrow AgCl \downarrow$

③ $Pb^{2+} + S^{2-} \rightarrow PbS \downarrow$

④ $Ca^{2+} + CO_3^{2-} \rightarrow CaCO_3 \downarrow$

⑤ $Pb^{2+} + CrO_4^{2-} \rightarrow PbCrO_4 \downarrow$

 (解答 ▸ P.26)

次の気体のうち密度が一番小さいものはどれか。ただし原子量は次の通りとする。

H＝1.0　C＝12.0　N＝14.0　O＝16.0　S＝32.0　Cl＝35.5

① 塩素————————Cl_2

② 二酸化チッ素———NO_2

③ 二酸化イオウ———SO_2

④ アンモニア————NH_3

⑤ 酸素————————O_2

 (解答 ▸ P.26)

次の記述の中で間違っているものはどれか。

① ブリキは鉄にスズをメッキしたものである。

② 真ちゅうは銅とスズを混ぜたものであり，青銅も同じである。

③ ハンダは鉛とスズの合金で電気の配線の接続に使われる。

④ 家庭の安全器に用いられているヒューズは主に鉛とスズの合金で融点が低い。

⑤ ステンレスは鉄，ニッケル，クロムの合金で硬くさびにくいため家庭用の包丁などに使用されている。

No.7

（解答 ▶ P.26）

次の各溶液の反応で沈殿を生じない反応はどれか。

① 食塩水に硝酸銀溶液を加える。
② 硫酸銅水溶液に少量のアンモニア水を加える。
③ 石灰水に二酸化炭素を吹き込む。
④ 水酸化バリウム溶液に希硫酸を加える。
⑤ 水酸化ナトリウム溶液に希塩酸を加える。

No.8

（解答 ▶ P.26）

次に示す各気体の性質で間違っているものはどれか。

① 水素は気体の中で一番軽く，火をつけると爆発的に燃える。
② ヘリウムは水素の次に軽い気体で燃えないため，アドバルーンや飛行船に使われている。
③ アンモニアは非常に水に溶けやすく，水溶液にネスラー試薬を加えると黄赤色の沈殿を生じる。
④ 塩素は淡黄緑色の気体で酸化作用が強く，水道水の殺菌に使用されている。
⑤ 酸素は無色の気体でよく燃え，生物にとって呼吸作用に不可欠のものである。

No.9

（解答 ▶ P.26）

次の表は周期律表における第3周期の元素である。
下記の記述で間違っているものはどれか。

周期 ＼ 族	1	2	13	14	15	16	17	18
3	Na	Mg	Al	Si	P	S	Cl	Ar

① Naはアルカリ金属元素の仲間で化学的に活発で1個の電子を放出して1価の陽イオンとなる。
② Sは価電子数が6である。
③ 化学的に一番安定な元素はArで空気中に単原子分子として存在している。
④ Alの酸化物の化学式はAlO_2である。
⑤ Pには黄リンと赤リンの同素体がある。

一酸化炭素COと二酸化炭素CO₂に関する記述が正しいものはどれか。

① 共に無臭で水に溶けない。
② 二酸化炭素と一酸化炭素の密度は同じである。
③ 二酸化炭素は無毒であるが一酸化炭素は毒性が強い。
④ 共に水に溶け水溶液は酸性を示す。
⑤ 共に還元作用を示す。

硝酸銀水溶液の中によくみがいた銅線を入れてしばらくおくと，銅線のまわりにきらきら輝く銀が付着し，水溶液が青くなってきた。このことからどのようなことがいえるか。正しいものはどれか。

（ア）銀が酸化し，銅が還元した
（イ）銅が酸化し，銀が還元した
（ウ）銅のほうが銀よりイオン化傾向が大きい
（エ）銀のほうが銅よりイオン化傾向が大きい
（オ）$2Ag + Cu^{2+} \rightarrow 2Ag^+ + Cu$の反応を生じた
（カ）$2Ag^+ + Cu \rightarrow 2Ag + Cu^{2+}$の反応を生じた

① （ア）と（エ）と（オ）
② （ア）と（ウ）と（カ）
③ （イ）と（ウ）と（カ）
④ （イ）と（エ）と（オ）
⑤ （イ）と（ウ）と（オ）

No.12

（解答 ▶ P.27）

次の化学反応式で間違っているものはどれか。

① $Mg + 2HCl \rightarrow MgCl_2 + H_2\uparrow$

② $Zn + H_2SO_4 \rightarrow ZnSO_4 + H_2\uparrow$

③ $Cu + H_2SO_4 \rightarrow CuSO_4 + H_2\uparrow$

④ $Cu + 2H_2SO_4 \rightarrow CuSO_4 + 2H_2O + SO_2$

⑤ $Ag + 2HNO_3 \rightarrow AgNO_3 + H_2O + NO_2$

No.13

（解答 ▶ P.27）

次の各気体で有色で刺激臭をもつ気体の組合せはどれか。

（ア）NH_3　（イ）Cl_2　（ウ）CO　（エ）SO_2　（オ）NO_2

①（ア）と（イ）

②（イ）と（エ）

③（エ）と（オ）

④（イ）と（オ）

⑤（ア）と（ウ）

No.14

（解答 ▶ P.27）

次の物質のうち，水に溶かすと酸性を示すものはどれか。

① $NaCl$

② CH_3COONa

③ NH_4Cl

④ KNO_3

⑤ Na_2SO_4

各気体の性質について述べた記述のうち，正しいものはどれか。

① 塩素は，黄緑色の空気より軽い気体で強い還元力を持っている。

② 二酸化炭素は無色無臭の気体で水に溶けやすく，水溶液は強い酸性を示す。また，石灰水を通すと白色の沈殿を生じる。

③ アンモニアは無色，刺激臭の気体で水によく溶け水溶液は強いアルカリ性を示す。また，塩素と反応し白煙を生じる。

④ 一酸化炭素はコークスなどの不完全燃焼で発生し，無色無臭の気体で有毒ガスである。

⑤ 硫化水素は無色腐卵臭の気体で，水によく溶けて弱い酸性を示す。強い酸化力を持ち，過酸化水素水と反応すると白色の硫黄の結晶が析出する。

ナトリウムの単体に関する記述のうち，誤っているものの組合せとして最も妥当なものはどれか。

ア 非常に硬く，切断しにくい。

イ 石油中に保存する。

ウ 電子を放出しやすく，還元剤としてはたらく。

エ 常温で水と反応し，酸素を発生する。

① ア，イ　　　　② ア，エ　　　　③ イ，ウ　　　　④ イ，エ　　　　⑤ ウ，エ

次の各気体の実験室での発生法，捕集法，色，臭いの組合せで正しいものはどれか。

		発生法	捕集法	色	臭い
①	Cl_2	：酸化マンガン(IV)に濃塩酸を加えて加熱	下方置換	赤褐色	刺激臭
②	HCl	：食塩に濃硫酸を加えて，加熱	下方置換	無色	刺激臭
③	CO_2	：石灰石に希硫酸を加える	下方置換	無色	無臭
④	NO	：銅に濃硝酸を加える	水上置換	赤褐色	刺激臭
⑤	H_2S	：硫化鉄(II)に希塩酸を加える	上方置換	淡黄色	腐卵臭

No.18

（解答 ▶ P.27）

次のA〜Eの分子のうち，水に溶けにくいものを選んだ組合せとして妥当なものはどれか。

A　アンモニア

B　塩化水素

C　デンプン

D　硫黄

E　スクロース

① 　A，E

② 　B，C

③ 　C，D

④ 　C，E

⑤ 　D，E

No.19

（解答 ▶ P.27）

次の物質のうち，水中で保管する物質を1つ選べ。

①　ナトリウム　　　　②　鉄　　　③　ヨウ素　　　④　黄リン　　　⑤　硫黄

No.20

（解答 ▶ P.28）

次の操作をして，塩を生成しないものはどれか。

①　マグネシウムを塩酸に入れる。

②　酸化カルシウムに塩酸を加える。

③　硝酸銀水溶液に塩化ナトリウムを加える。

④　水酸化ナトリウム水溶液に二酸化炭素を吹き込む。

⑤　硫化水素水に二酸化硫黄を吹き込む。

次の水溶液に硫化水素を通じても，沈殿を生じないものはどれか。

① 硝酸銀水溶液
② 硫酸銅（Ⅱ）水溶液
③ 酢酸鉛水溶液
④ 硝酸カルシウム水溶液
⑤ 少量のアンモニア水で塩基性にした，塩化鉄（Ⅲ）水溶液

物質の工業的製法について述べた次の記述のうち，誤りを含むものはどれか。

① アンモニアは，窒素と水素を高温・高圧下で直接反応させる，アンモニアソーダ法とよばれる製法で得られる。
② 硫酸は五酸化二バナジウムを触媒として，二酸化硫黄を酸化して得られる三酸化硫黄を濃硫酸に吸収させて作る。
③ アルミニウムの製法は，ボーキサイトと氷晶石の混合物を電気炉に入れ，その融解物を，電極に炭素を用いて電気分解することにより，陰極にアルミニウムを生成させる。
④ 鉄の製法（製鉄）は，溶鉱炉に鉄鉱石，コークス，石灰石を入れ，1000℃以上の熱風を吹き込み，高温の炭素や発生した一酸化炭素によって鉄鉱石を還元させて鉄を生成させる。
⑤ マグネシウムの製法は，塩化マグネシウムを高温で融解させ，陰極にマグネシウムを生成させる。このような方法は融解塩電解（または溶融塩電解）とよばれる。

第7章 有機化学

No.1

（解答 ▶ P.28）

ベンゼンとエタノールを燃焼させるとき，ベンゼンはエタノールに比較して煤（すす）が多く出るがそれはなぜか。

① ベンゼンの方がエタノールより燃えにくいから。

② ベンゼンはエタノールよりも酸素原子が少ないから。

③ ベンゼンの方がエタノールよりも分子量が大きいから。

④ エタノールには炭素原子が含有されていないから。

⑤ ベンゼンの方が同量のエタノールより炭素を含む割合が大きいから。

No.2

（解答 ▶ P.28）

次の文章の空欄A ～ Eに当てはまる語句の組合せとして妥当なものはどれか。

　ベンゼンのように水と結びつきにくい物質は，水に溶け（　A　）。一方，塩化ナトリウムのようにイオンからなる物質は水の中で（　B　）するため，水に溶け（　C　）。また，エタノールは水分子と静電気的な引力や水素結合によって結びつくため水に溶け（　D　）。このような分子を（　E　）分子とよぶ。

	A	B	C	D	E
①	やすい	中和	やすい	にくい	極性
②	にくい	電離	やすい	やすい	極性
③	やすい	中和	やすい	やすい	無極性
④	にくい	電離	にくい	やすい	無極性
⑤	やすい	中和	にくい	にくい	無極性

（解答 ▶ P.28）

次の文章はどの有機化合物について述べたものか。最も妥当な組合せを選べ。

ア　ヒドロキシ基をもつ脂肪族化合物で，金属ナトリウムと反応して水素を発生する。

イ　水溶液は弱酸性を示し，アと脱水縮合してエステルを作る。

ウ　アと同じ一般式で表されるが，金属ナトリウムとは反応しない。水への溶解性も低く，引火しやすい。

	ア	イ	ウ
①	アルコール	エーテル	カルボン酸
②	アルコール	カルボン酸	エーテル
③	カルボン酸	エーテル	アルコール
④	カルボン酸	アルコール	エーテル
⑤	エーテル	カルボン酸	アルコール

（解答 ▶ P.28）

次の文章のうち，正しいものを選んだ組合せとして，最も妥当なものはどれか。

a　20世紀に，青カビから抗生物質であるペニシリンが発見された。

b　エビやカニの殻に含まれるセルロースを原料に，人工皮膚などが開発された。

c　リン酸カルシウムを主成分とする，ニューセラミックスを用いて人工骨や人工歯根が開発された。

① a

② a，b

③ a，c

④ b

⑤ b，c

No.5
（解答 ▶ P.29）

次の有機化合物の組合せA 〜 Cは，それぞれどのような共通の性質をもつか。その組合せとして最も妥当なものはどれか。

A　アセチルサリチル酸，フェノール，サリチル酸メチル

B　エタノール，アセトアルデヒド，アセトン

C　システイン，グリシン，アラニン

	A	B	C
①	ベンゼン環をもつ	還元性がある	不斉炭素原子をもつ
②	ベンゼン環をもつ	ヨードホルム反応を示す	不斉炭素原子をもつ
③	ベンゼン環をもつ	ヨードホルム反応を示す	アミノ酸である
④	不斉炭素原子をもつ	還元性がある	アミノ酸である
⑤	不斉炭素原子をもつ	ヨードホルム反応を示す	還元性がある

第8章 補 足

No.1

（解答▶P.29）

次の各実験法で間違っているものはどれか。

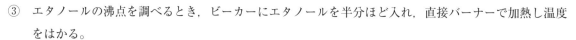

① 濃硫酸を水でうすめるときは，水に濃硫酸を少しずつ加えて水溶液とする。
② 塩化水素を捕集するときは下方置換である。
③ エタノールの沸点を調べるとき，ビーカーにエタノールを半分ほど入れ，直接バーナーで加熱し温度をはかる。
④ 不溶性の固体物質を含んだ水溶液をろ過するときは，右図のようにろ紙をロートの口より少し内側にセットする。
⑤ 炎色反応をみるときの炎は，できるだけ無色の炎に近いメタノールを燃料として使用したらよい。

No.2

（解答▶P.29）

「気体の体積は圧力一定のとき絶対温度に比例する」という法則を唱えたのは誰か。

① ボイル
② ゲイ・リュサック
③ アボガドロ
④ ヘンリー
⑤ シャルル

No.3

（解答▶P.29）

気体発生に関する反応で間違っている記述はどれか。

① 金属ナトリウムの小片を水に入れると，水素を発生する。
② 二酸化マンガンに濃塩酸を加え加熱すると，塩素が発生する。
③ 銀に希硫酸を加えると，水素を発生する。
④ 石灰石に希塩酸を加えると，二酸化炭素が発生する。
⑤ 硫化鉄（Ⅱ）の粉末に希硫酸を加えると，硫化水素が発生する。

No.4

（解答 ▶ P.30）

次のa, bに関係のある事象を，下のア〜オよりすべて選んだものの組合せとして，もっとも妥当なものはどれか。

a　凝固点降下　　　b　浸透圧

ア　圧力釜の内部では，水の沸点を100℃より高くできる。

イ　冬になると，水道管内の水が凍って，管が破裂することがある。

ウ　野菜を濃い食塩水に入れると，しなびる。

エ　凍結防止に，塩化カルシウムを道路にまく。

オ　血液中から取り出した赤血球を水に浸すと，破裂する。

	a	b
①	ア，イ	ウ，エ
②	イ	ア，ウ
③	イ	ウ，オ
④	エ	ウ，オ
⑤	エ	イ，オ

No.5

（解答 ▶ P.30）

次の文章のうち，下線部分が間違っているものを選べ。

① ヨウ素は第5周期の元素である。

② 元素の周期表において第3周期までは，族の番号とともに最外殻電子の数が増加する。

③ 常温で気体である単体の中で，窒素は3番目に軽い。

④ 鉛蓄電池の充電後の正極は硫酸鉛（Ⅱ）で覆われている。

⑤ 液体の沸点は，その液体の蒸気圧が大気圧と等しくなる温度である。

次の記述のうち，正しいものはどれか。

① 一定の温度のもとで気体の溶解度は圧力によって影響されないが，液体の溶解度は圧力に比例して変化する。
② 気体の水への溶解度は，一般に水の温度が上昇すると小さくなる。
③ 固体の溶解度は温度によって大きく変化するが，溶媒の種類には影響されにくい。
④ ベンゼンは水に溶けやすいが，エタノールは水に溶けにくく，有機溶剤に溶けやすい。
⑤ 硫酸銅の結晶を温水に多量に溶かした後，その水溶液を冷却すると単体の銅が析出する。

次の①～⑤の化合物の組合せで同じ濃度の水溶液がある。同体積ずつ混同したとき，ちょうど中和に達する組合せはどれか。

① 塩酸と水酸化バリウム
② 酢酸と水酸化バリウム
③ 硫酸とアンモニア
④ 酢酸とアンモニア
⑤ 硫酸と水酸化ナトリウム

次の記述のうち，間違っているものを選べ。

① 水素貯蔵合金は，体積に対して大量の水素を蓄えることができるので，電池の材料として用いられる。
② 高吸水性ポリマーは大量の水を吸収することができるので，砂漠の緑化に役立っている。
③ 炭素繊維は，引っ張り強度が鋼より大きく，鋼より軽いので，スポーツ用品に用いられている。
④ 光通信に使われている光ファイバーは，主として細いポリエチレンの繊維が用いられる。
⑤ 超伝導物質は，医療器具などに用いられる強力な電磁石の材料として使われている。

No.9

（解答 ▶ P.30）

次の記述の空欄に当てはまる語句の組合せとして，最も妥当なものを選べ。

ア　ガソリンエンジンを使って発電し，その電力でモータを回して走行する自動車を（　A　）自動車という。市街地では電気を使い，郊外ではガソリンを使って走るので，有害な排気ガスの排出量を削減することができる。

イ　太陽の光を集めて熱水を作り，その水蒸気でタービンを回して発電する方法を（　B　）発電という。

ウ　木材や紙くずなど，エネルギーを取り出すことが可能な有機廃棄物の総称を（　C　）という。リサイクルやゴミの削減にもなり，産業廃棄物の削減に向けてさらなる開発が望まれる。

	A	B	C
①	ハイブリッド	太陽熱	バイオマス
②	ハイブリッド	太陽光	バイオマス
③	ハイブリッド	太陽熱	マテリアル
④	電気	太陽光	バイオマス
⑤	電気	太陽熱	マテリアル

第3編

生　物

第1章 **細胞構造**

No.1　　　　　　　　　　　　　　　　　　　　　　　　　　　　　　　　　（解答 ▶ P.31）

植物細胞，動物細胞ともに存在し，呼吸反応が行われエネルギーを調達している細胞構造体は次のうちどれか。

① 細胞膜

② 核

③ ゴルジ体

④ リボソーム

⑤ ミトコンドリア

No.2　　　　　　　　　　　　　　　　　　　　　　　　　　　　　　　　　（解答 ▶ P.31）

下の文は細胞の基本構造に関する記述であるが，A 〜 Cに当てはまるものの組合せとして，正しいのは次のうちどれか。

A　球状または線状の小体で，クレブス回路(TCA回路・クエン酸回路)，チトクローム系(電子伝達系)などのはたらきによってエネルギーを発生させ，多量のアデノシン三リン酸(ATP)を合成する。

B　原形質の最も外側を包むもので，選択的な透過性をもち半透性の性質をもつ。

C　二重らせん構造をした高分子物質で遺伝情報をもっており，ほとんどすべてが核内にある。

	A	B	C
①	葉緑体	細胞壁	デオキシリボ核酸
②	ミトコンドリア	細胞壁	リボ核酸
③	葉緑体	細胞膜	デオキシリボ核酸
④	ミトコンドリア	細胞膜	リボ核酸
⑤	ミトコンドリア	細胞膜	デオキシリボ核酸

No.3
（解答 ▶ P.31）

細胞小器官のはたらき，構造の説明として間違っているものはどれか。

① 核は球形または楕円形で，一般に1細胞に1つずつある。核膜は二重の膜でところどころ孔（穴）が開いており，細胞質へ物質を移動するときの通路になっている。

② 葉緑体は光合成をする場であり，クロロフィルやカロテノイドなどの色素を持つチラコイドと，このチラコイド間をストロマが満たした構造をしている。

③ ゴルジ体は動・植物細胞の両方に存在するが，植物細胞のゴルジ体は小さく，光学顕微鏡では観察できない。細胞内で合成された物質を濃縮したり，細胞外へ分泌，または排出したりする。

④ ミトコンドリアはすべての生物に存在し，活動が盛んな細胞ほど多く，老化した細胞には少ない。細胞内のいたるところに存在し，タンパク質合成が行われている。

⑤ 細胞膜は細胞質の最も外側を包む一重の膜で，主成分はタンパク質である。選択的透過性を示し，半透性の膜である。

No.4
（解答 ▶ P.31）

細胞小器官のうち，動物細胞にないものの組合せとして最も妥当なものはどれか。

① 細胞壁と葉緑体

② ミトコンドリアと液胞

③ 核小体(仁)と小胞体

④ 中心体とリボソーム

⑤ 細胞膜とリソソーム

No.5

（解答 ▶ P.31）

次の記述は，動物細胞の体細胞分裂の各過程について述べたものである。体細胞分裂の後期に見られる現象はどれか。

① 核膜・核小体が明瞭。核内で染色体の複成が行われる。
② 核の中にある染色糸が，太く短いひもの状の染色体になる。
③ 細胞表面からくびれて，細胞質分裂が起こる。
④ 染色体が赤道面に並ぶ。紡錘糸が付着する。
⑤ 染色体が分かれて両極に移動する。

No.6

（解答 ▶ P.31）

細胞分裂について述べた文章の空欄に当てはまる語句の組合せとして，最も妥当なものはどれか。

細胞分裂には，体細胞の増加のための（ア）と生殖細胞を形成するための（イ）とがある。両方とも生物が種族を維持するのに重要なはたらきである。体細胞が分裂すると分裂前と分裂後の細胞では（ウ）。生殖細胞が分裂すると，分裂前と分裂後の細胞では（エ）。

	ア	イ	ウ	エ
①	体細胞分裂	減数分裂	染色体数が変わらない	染色体数が半減する
②	体細胞分裂	減数分裂	染色体数は変わらない	染色体数は変わらない
③	体細胞分裂	減数分裂	染色体数は半減する	染色体数は$\frac{1}{4}$になる
④	減数分裂	体細胞分裂	染色体数は変わらない	染色体数は半減する
⑤	減数分裂	体細胞分裂	染色体数は半減する	染色体数は変わらない

No.7

（解答▶P.31）

次の記述は，動物細胞の小器官に関するものである。このうち，間違っているものを全て選んだ組合せとして，最も妥当なものはどれか。

ア　ミトコンドリアには呼吸に関するたくさんの酵素が含まれ，有機物からエネルギーを取り出すはたらきをもつ。

イ　ゴルジ体は，数層に重なった袋状の構造を有し，高等植物の細胞には存在しないが，動物細胞では細胞分裂のときの紡錘体形成に主要な役割を果たす。

ウ　細胞膜は原形質の最も外側にあるもので，半透性に近い性質をもっているため，外液の浸透圧に応じて細胞へ水が出入りする。

エ　小胞体は細胞分裂時に星状体形成の中心となるもので，主に動物細胞の核膜に沿ってある。

オ　リボソームは，すべての生物に存在し，DNAとタンパク質からできており，DNAのはたらきにより物質代謝と遺伝に関係している。

① ア，ウ
② イ，オ
③ イ，エ，オ
④ ウ，オ
⑤ エ，オ

No.8

（解答▶P.31）

次の酵素についての記述のうち，間違っているものはどれか。

① 酵素は触媒としてはたらく。無機触媒を使った化学反応では，温度を高くするほど反応は活発になり反応速度が大きくなるが，酵素の場合も同様である。

② 酵素はどんな物質にでもはたらいて触媒作用を示すのではなく，酵素によって作用する相手（基質）が決まっている。

③ 酵素は水素イオン濃度（pH）の影響を受けやすく，それぞれ最も活発に作用する最適pHをもっている。たとえばペプシンはpH＝2前後，トリプシンはpH＝8前後である。

④ 胃の中の酸性条件化ではたらくペプシンの最適pHは酸性付近にあり，腸のように弱アルカリ性条件化ではたらくトリプシンやリパーゼの最適pHはアルカリ性付近にある。

⑤ 酵素は高分子のタンパク質でできており，そのため高温では変性・凝固してはたらきを失う。

酵素の性質として正しいものをすべて選んだ組合せとして，最も妥当なものはどれか。

ア　酵素の主な成分は炭水化物である。

イ　酵素は酸性・アルカリ性でよくはたらくが，中性ではほとんどはたらかない。

ウ　酵素は決まった基質にのみはたらいて，その反応を促進する。

エ　酵素がそのはたらきを示すには，必ず補酵素が必要である。

オ　酵素は反応の前後で自ら変化することはない。

カ　酵素は70℃ぐらいの温度のとき最もよくはたらく。

① 　ア，イ，オ

② 　ア，エ，カ

③ 　イ，エ

④ 　ウ，オ

⑤ 　オ，カ

第2章 植物の調節作用

No.1

（解答▶P.32）

生物の中には有性生殖によって繁殖する世代と，無性によって繁殖する世代とが周期的に交代することがあり，これを世代交代とよんでいる。

代表的な植物にシダ植物があるが，その他この現象を行う植物は次のうちどれか。

① スギゴケ
② イチョウ
③ ゾウリムシ
④ ワカメ
⑤ シイタケ

No.2

（解答▶P.32）

次の記述の中で誤っているものを指摘せよ。

① 植物は光エネルギーを利用し，酸素と水からデンプンを作る。これを光合成という。
② 光合成とは緑色植物が光エネルギーを利用し，空中の二酸化炭素と水を結合させてグルコースを作る作用をいう。グルコースは直ちにデンプンに変わる。
③ 植物は光合成を行うが，これを炭酸同化作用ともいう。
④ 植物は酸素をとり入れ，二酸化炭素を放出する呼吸を行う。呼吸と光合成は逆の反応である。
⑤ 一般に植物は空気中の窒素を利用できないが，根粒細菌やランソウ類の中には遊離窒素をアンモニアにして，いわゆる窒素同化をしている植物もある。

No.3 （解答 ▶ P.32）

室内に鉢植えの緑色植物があり，その植物の二酸化炭素の1日の吸収量と放出量とを調べたら等しいことがわかった。この場合，この植物の生活状況は次のうちのどれに最も近いか。

① 生長に必要な同化物質がすべて消費されてしまい，生長できない。

② 環境条件が一定なので，盛んではないが安定した伸長を続けている。

③ 光合成量と呼吸量が均衡しており，理想的な生育状態にある。

④ 酸素不足のために光合成，呼吸のいずれも十分に行っていない。

⑤ 同化物質を体内に蓄積している状態にあり，まもなく生長を始める。

No.4 （解答 ▶ P.32）

植物の成長ホルモンであるオーキシンについて，間違った記述はどれか。

① 幼葉鞘の先端部でつくられ，下降して細胞の伸長を促進させる。

② 茎の片側から光が当たると，オーキシンは光の当たらない側に偏って存在するようになる。そのため，光が当たる側の細胞と当たらない側の細胞に成長の不均衡が生じる。

③ 植物の茎，側芽，根によってオーキシンの最適濃度は異なり，茎の成長の最適濃度約10^{-5}mol/Lでは，側芽，根の成長は抑制される。

④ 茎の成長を最も促進するオーキシン濃度は，約10^{-5}mol/Lであるが，高濃度でもよくはたらき，1mol/Lぐらいまでは成長を促進させる。

⑤ オーキシンは，伸長促進のはたらきの他，挿し木の発根促進，果実の成長促進などに関与する。

No.5

（解答 ▶ P.32）

植物は次の2種類の反応を細胞内で行っている。

Aの反応：$6CO_2 + 12H_2O + 光エネルギー \rightarrow C_6H_{12}O_6 + 6H_2O + 6O_2$

Bの反応：$C_6H_{12}O_6 + 6H_2O + 6O_2 \rightarrow 6CO_2 + 12H_2O + 約32ATP$

それぞれの反応と関係のある細胞小器官の組合せとして最も妥当なものはどれか。

	A	B
①	葉緑体	液胞
②	細胞膜	葉緑体
③	葉緑体	ミトコンドリア
④	細胞膜	ミトコンドリア
⑤	核小体	ミトコンドリア

No.6

（解答 ▶ P.33）

次の文の A ～ D に当てはまる語句の組合せとして最も妥当なものはどれか。

　植物は日長（日の長さ）に反応して，花芽形成し，花を咲かせるものが多い。このように植物の開花が日長に関与することを（　A　）という。暗期が一定の長さ（限界暗期）より短くなると花芽形成する植物を（　B　）植物といい，限界暗期より長くなると花芽形成する植物を（　C　）植物という。

　（　B　）植物にはアブラナ，ホウレンソウなどがあり，（　C　）植物にはアサガオ，キクなどが挙げられる。これらとは異なって，日長とは関係なく花芽が形成されるタンポポやトマトは（　D　）植物と呼ばれる。

	A	B	C	D
①	光周性	短日	中性	長日
②	春化処理	長日	短日	中性
③	春化処理	中性	長日	短日
④	光周性	短日	長日	中性
⑤	光周性	長日	短日	中性

（解答 ▶ P.33）

植物の発芽と熱との関係について述べた記述のうち，正しいものを１つ選べ。

① 種子が発酵によりデンプンを分解して，熱を放出する。

② 大量の水分を吸収し，還元作用によって熱を発生する。

③ 同化作用により，水と二酸化炭素よりデンプンを合成し，熱を発生する。

④ 水と，外部から熱を吸収して，デンプンを分解して発芽する。

⑤ 水分を吸収し，貯蔵物質を分解，呼吸を活発に行い二酸化炭素と熱を発生する。

（解答 ▶ P.33）

被子植物には単子葉植物と双子葉植物がある。次の記述のうち正しいものはどれか。

① 双子葉植物の花弁の枚数は，3の倍数（3数性）である。

② 単子葉植物の葉脈は，網状脈である。

③ 単子葉植物には維管束がない。

④ 双子葉植物の維管束は環状に配列し，形成層をもっている。

⑤ 双子葉植物は重複受精を行わない。

下の絵は植物細胞の模式図である。

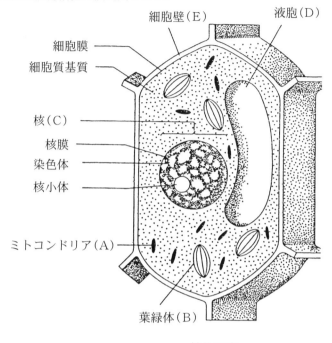

植物細胞

小器官（A）〜（E）について述べた記述のうち，間違っているものはどれか。

① （A）は細胞質内に多数見られる棒状または球状の小体で，二重の膜に包まれている。呼吸の場となり，有機物の持つエネルギーを取り出すはたらきをしている。

② （C）は遺伝情報を保持し，細胞の中でも中心的役割をもつ。

③ （B）はクロロフィルをもっている。内外二重の膜でできており，内膜は内側に突出し，クリステを形成している。

④ 植物細胞で特に発達している（D）は，内部に糖やクエン酸などの物質や各種の色素，老廃物などを貯蔵している。細胞質の浸透圧の調節にも関係している。

⑤ （E）は，細胞質の外側を覆う丈夫な膜で，細胞の死んでいる部分である。

下の図はマカラスムギ（アベナ）の幼葉鞘を用いた光屈性の実験の概略である。ア～オのうち光を当てた側に屈曲するものの組合せとして，最も妥当なものはどれか。

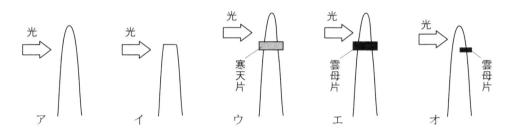

ア　何も処理をしない幼葉鞘。

イ　幼葉鞘の先端部分を切り取ったもの。

ウ　先端部分を切り取り，間に寒天片をはさんだもの。

エ　先端部分を切り取り，間に雲母片をはさんだもの。

オ　光を当てる方向と反対側に雲母片をはさんだもの。

① ア，イ，エ　　② ア，ウ　　③ ア，ウ，オ　　④ イ，ウ　　⑤ イ，エ，オ

次は，地球上に出現した順に並べたものである。空欄に当てはまる語句の組合せとして，最も妥当なものはどれか。

植物：（　ア　）→（　イ　）→裸子植物→被子植物

動物：（　ウ　）→（　エ　）→恐竜→ゾウ

	ア	イ	ウ	エ
①	藻類	コケ類	アンモナイト	三葉虫
②	藻類	コケ類	三葉虫	アンモナイト
③	藻類	コケ類	鳥類	三葉虫
④	コケ類	藻類	アンモナイト	三葉虫
⑤	コケ類	藻類	アンモナイト	鳥類

第3編

第3章 同化と異化

（解答 ▶ P.34）

No.1

次の記述の中で誤っているのはどれか。

① 根粒菌とマメ科植物は互いに利益を受けあって生活する。このような生活を共生という。

② サンショウウオは魚類ではなく両生類である。

③ ダーウィンは進化論について自然選択説を唱えた。

④ 同位元素とは原子番号は同じで質量数の異なる元素をいう。

⑤ DNAはデオキシリボ核酸の略称で，核の中に存在し，タンパク質を分解するはたらきをする。

No.2

（解答 ▶ P.34）

次の文は，自然界における炭素と窒素の循環について述べたものである。空欄に入る語句の組合せとして，正しいものはどれか。

　生物の中には，大気中の二酸化炭素から　A　を合成できるものがある。このようにして生体に取り込まれた炭素は，各種の有機化合物に変換されるが，その一部は　B　によって再び大気中へ放出される。植物の多くは，土中の　C　からアミノ酸を合成することによって，タンパク質などの有機窒素化合物を得ている。しかし，一部の　D　は，大気中の窒素から有機窒素化合物を合成することができる。生体に取り込まれた窒素は，遺体や排出物が微生物などに分解されることによって，再び無機窒素化合物に戻る。

	A	B	C	D
①	アミノ酸	光合成	硫化物など	根粒菌など
②	グルコース	光合成	窒素酸化物など	シダなど
③	グルコース	呼吸	アンモニアなど	根粒菌など
④	アミノ酸	呼吸	アンモニアなど	シダなど
⑤	グルコース	呼吸	硫化物など	根粒菌など

（解答 ▶ P.34）

自然界の生物とそれをとりまく環境とは，生態系とよばれるひとつのまとまりをつくっている。ひとつの生態系の生物群は，多種多様な生物で構成されているが，これらの生物どうしは栄養の関係で密接につながりあい，生産者・消費者・分解者に分けることができる。この三者の組合せとして正しいのは，次のうちどれか。

	生産者	消費者	分解者
①	ススキ	バッタ	ヘビ
②	イネ	ネズミ	動物プランクトン
③	クローバー	ウシ	細菌類
④	動物プランクトン	タイ	サメ
⑤	キャベツ	モンシロチョウ	コケ類

（解答 ▶ P.34）

温室がある。かなりの種類の植物が栽培されている。この温室の中の酸素の量と炭酸ガスの量の記述について正しいのはどれか。

① 前日の夜計ったときのO_2の量およびCO_2の量と，昼計ったときのO_2とCO_2の量は変わらなかった。
② 昼計ったらO_2の量は増えていたがCO_2の量は減っていた。
③ 昼計ったらO_2もCO_2も増えていた。
④ 昼計ったらO_2は減り，CO_2が増えていた。
⑤ 昼計ったらO_2もCO_2も減っていた。

No.5

(解答 ▶ P.34)

生物は光の強弱や温度などの日周期変動や季節による活動の変化がある。ツバメやガンなどの鳥の渡りは下の①～⑤のどの事項と最も関係が深いか。

① 日周期活動
② 季節遷移
③ 季節移動
④ 長年周期変動
⑤ 湿性遷移

No.6

(解答 ▶ P.34)

次の各動物と呼吸器の組合せのうち，間違っているものはどれか。

① ハマグリ─ えら
② ハチ─ 気管
③ ミミズ─ 皮膚
④ イモリ─ 肺
⑤ イカ─ 皮膚

No.7

(解答 ▶ P.34)

生物固体の相互作用に関する次の記述のうち，間違っているものはどれか。

① 異なる種類の生物AとBが，場所を分け合って生活することを『すみわけ』という。
② 異なる種類の生物AとBが，互いに利益を与え合う関係にあることを『共生』という。
③ 生物Aが，異なる種類の生物Bの体内で生活し，生物Bに害を与える場合，これを『寄生』という。
④ 生活様式のよく似た生物AとBが，互いに共通のえさを取り合う関係にあることを『競争』という。
⑤ 生物Aは浅いところに生息するイカナゴを食べ，生物Bは深い底に生息するエビを食べている場合，この関係を『中立』という。

次の記述のうち，間違っているものはどれか。

① 鳥が巣を作り，卵を抱いて温めるのは『本能行動』である。

② チンパンジーが棒を使って，高いところにあるバナナを取るのは『学習』による行動である。

③ 魚が川の流れに逆らって泳ぐのは『走性』による行動である。

④ 梅干を見ただけでだ液が出るのは，『条件反射』である。

⑤ アヒルやカモのヒナが最初に見た動くものを後追いするのは『刷り込み』による行動である。

生物の生殖法について述べた記述のうち，正しいものはどれか。

① 親のからだからくびれた部分が分離して新個体になる生殖法を単為生殖という。

② 根，茎，葉などの一部がもとになって新個体になる生殖法を胞子生殖という。

③ 雌雄の区別がない生殖細胞が多数でき，それが独立して新個体になる生殖法を栄養生殖という。

④ 雌雄の配偶子のうち，雌の配偶子だけで新個体ができる生殖法を出芽という。

⑤ 配偶子どうしが接着して核を交換して新個体を作ることを接合という。

No.10

（解答 ▶ P.35）

光合成について述べた文章の空欄ア〜エに当てはまる語句の組合せとして，最も妥当なものはどれか。

　植物が二酸化炭素と水を材料にして，光エネルギーを用いて糖と酸素をつくる仕組みを光合成という。光合成は葉緑体の中で連続して起こる4つの反応系から成る。葉緑体の中には光合成色素である（　ア　）が含まれている。はじめに，（　ア　）が光エネルギーを吸収して活発な状態になる。次に，吸収した光エネルギーを用いて水を分解し酸素を発生する。同時に，このとき放出されるエネルギーを用いてATPが作られる。ここまでの反応は，葉緑体の（　イ　）で行われる。

　最後に，これまでの過程で生じた水素とATPを用いて，気孔から取り入れた二酸化炭素を有機物に変える。この反応は（　ウ　）回路と呼ばれ，葉緑体の（　エ　）で起こる。光合成で作られた有機物は，同化デンプンやスクロースに形を変えて，植物体の各部へ運ばれる。

	ア	イ	ウ	エ
①	クロロフィル	ストロマ	カルビン・ベンソン	チラコイド
②	クロロフィル	チラコイド	カルビン・ベンソン	ストロマ
③	クロロフィル	チラコイド	クエン酸	ストロマ
④	フィトクロム	チラコイド	クエン酸	ストロマ
⑤	フィトクロム	ストロマ	カルビン・ベンソン	チラコイド

No.11

（解答 ▶ P.35）

次に示す，植物ホルモンとその作用の組合せとして，間違っているものはどれか。

① オーキシン…側芽の成長促進
② ジベレリン…子房の発達促進
③ エチレン…果実の成熟促進
④ アブシシン酸…気孔を閉じさせる
⑤ サイトカイニン…気孔を開かせる

次の文章の空欄A ～ Eに当てはまる語句の組合せとして，最も妥当なものはどれか。

　植物が二酸化炭素と水を原料に炭水化物を合成する作用を炭酸同化作用という。炭酸同化は，光エネルギーを必要とする（　A　）と，無機化合物の（　B　）によって生じる化学エネルギーを利用する（　C　）がある。前者は（　D　）をもつ植物が，後者は（　E　）や硫黄細菌などの細菌が行う。

	A	B	C	D	E
①	光合成	還元	化学合成	クロロフィル	根粒菌
②	光合成	酸化	化学合成	カロテン	根粒菌
③	光合成	酸化	化学合成	クロロフィル	硝酸菌
④	化学合成	還元	光合成	カロテン	亜硝酸菌
⑤	化学合成	酸化	光合成	クロロフィル	硝酸菌

動物の行動に関する記述として，誤りを含むものはどれか。

① 魚が川の流れをさかのぼったり，夏の夜，蛾が電灯に集まるのは『走性』があるためである。『走性』は経験を必要としない生得的な行動である。

② イトヨの求愛行動や攻撃行動は知能行動といわれ，これらは成長とともに獲得される習得的行動である。

③ ふ化して間もないカモのひなが目の前を動くものの後についていく性質があるが，これは刷り込みと呼ばれ生後間もない時期に見られる学習行動である。

④ ネズミの迷路実験を繰り返すと，ネズミは次第に短時間でえさに到達するようになる。これは試行錯誤の結果，ネズミが成功した順路を記憶しているためである。

⑤ 問題解決のために推察し，未経験のことに対処したりする行動を『知能行動』と呼び，大脳新皮質の発達したほ乳類で見られる行動である。

第4章 動物の恒常性と調節

No.1

(解答 ▶ P.35)

次の文章の（　）に当てはまる最も適切な語の組合せとして，正しいものはどれか。

　ヒトが取り入れた栄養分は，口や胃，腸を通じて様々な酵素によって分解され，吸収されやすい物質となる。これを（　ア　）という。口に入れられたデンプンは，だ液腺から分泌される（　イ　）によって麦芽糖となり，さらにすい臓から分泌される（　ウ　）によってグルコースに分解され，毛細血管に吸収されエネルギーとして使用され，一部は（　エ　）として（　オ　）に貯えられる。

	ア	イ	ウ	エ	オ
①	消化	リパーゼ	マルターゼ	グリコーゲン	腎臓
②	吸収	ラクターゼ	アミラーゼ	脂肪	すい臓
③	消化	アミラーゼ	マルターゼ	グリコーゲン	肝臓
④	吸収	アミラーゼ	ペチプターゼ	タンパク質	肝臓
⑤	消化	アミラーゼ	マルターゼ	グリコーゲン	皮下

No.2

(解答 ▶ P.35)

ヒトの体内で生じた老廃物の排出に関して述べた文のうち正しいものを選べ。

① ヒトは1日に尿や汗を20L以上排出する。

② ヒトの体内に生じたアンモニアは腎臓で尿素にかえられ排出される。

③ 腎臓の主なはたらきは老廃物の排出であり，栄養分の出し入れとは関係ない。

④ 腎動脈から流入した血液は糸球体に流れ込みボウマンのうでろ過され，さらに細尿管を流れる間に水とグルコース等を再吸収する。

⑤ 肝臓はアルコール等の有害物質の無毒化，グリコーゲンの貯蔵，胆汁の生成等，ヒトの生命に関する多くのはたらきをもっているが老廃物生成排出には直接関係ない。

（解答 ▶ P.35）

動物の行動について次の記述のうち，正しいものはどれか。

① 動物の行動には生得的なものと習得的なものがあり，生得的なものには才能，条件反射が含まれ，習得的なものには反射走性が含まれる。

② 刺激に対して一定方向の反応を示す走性には，流れ走性，光走性，化学走性などがある。

③ 反射中枢は脊髄のみにある。

④ 反射行動は遺伝的であり，ある一定の刺激を与えればニューロンがなくても反射がおこる。

⑤ 眼球運動，こう彩の収縮，姿勢保持の中枢はヒトでは間脳にある。

（解答 ▶ P.35）

ヒトのホルモンに関する記述で間違っているものはどれか。

① 甲状腺ホルモンのチロキシンは物質交代の促進，両生類の変態に関係する。

② すい臓のランゲルハンス島から分泌されるインスリンは血糖量を減少させる。

③ 副腎皮質から分泌されるアドレナリンは血糖量を増加させる。

④ 脳下垂体前葉より分泌される成長ホルモンはタンパク質交代，骨，筋肉，内臓の成長を促進する。

⑤ 副甲状腺から分泌されるパラトルモンは血液や腎臓の中のCa^{2+}の調整を行う。

（解答 ▶ P.36）

次の文の内容は血液に関するものである。正しいものの組合せはどれか。

ア 肺動脈を流れる血液中の二酸化炭素の濃度は高い。

イ 赤血球は有核であり，円盤状の形をし，酸素を運搬する。

ウ 白血球は有核であり，血液 $1\,mm^3$ 中に含まれる個数は血球の中で一番多い。

エ 血しょうは二酸化炭素やホルモンを運搬する。

オ 肺から左心室に入る血管は肺動脈である。

① アとエ ② イとウ ③ イとエ ④ アとオ ⑤ ウとオ

（解答 ▶ P.36）

次のうち，呼吸に関係の深い物質はどれか。

① ヘモグロビン ② リパーゼ ③ ペプシン ④ クロロフィル ⑤ アミラーゼ

No.7　　　　　　　　　　　　　　　　　　　　　　　　　　　　　　　　（解答▶P.36）

梅干しを見ただけで，だ液が出る現象は次のうち何というか。

① 本能　　　　　② 反射　　　　　③ 知能　　　　　④ 条件反射　　　　　⑤ 学習活動

No.8　　　　　　　　　　　　　　　　　　　　　　　　　　　　　　　　（解答▶P.36）

ヒトの血液について述べた記述のうち，最も妥当なものを選べ。

① 赤血球は骨髄で作られる。血球の中で唯一核をもち，ヘモグロビンを含み身体全体に酸素を運搬する。

② 白血球はヒトの血液にのみ見られる血球で，他の動物には見られない。大型の白血球は骨髄で作られ，古くなるとひ臓や骨髄で破壊される。アメーバ運動をし，体内に進入した細菌や異物を取り込んで消化する。

③ 血小板は骨髄中にある巨大な芽球の偽足に当たる部分が切れてできる。寿命は2～3日で，ひ臓で破壊される。血液凝固因子が含まれ，出血したときに血しょう中の他の因子とともにはたらき，血液を凝固させる。

④ 体内に含まれる血液の量は，体重の20％であり，体重とともに増加する。成分は水，タンパク質，糖，無機塩類などで，酸素や二酸化炭素の運搬をする。

⑤ 血管の中で酸素を最も多く含むのは肺動脈を流れる血液で，二酸化炭素を最も多く含むのは肺静脈を流れる血液である。

No.9　　　　　　　　　　　　　　　　　　　　　　　　　　　　　　　　（解答▶P.36）

ヒトの消化液に含まれる消化酵素とその主なはたらきの組合せとして，正しいものは次のうちどれか。

　　消化液　　　消化酵素　　　　　はたらき

① だ　液……マルターゼ……デンプンを糖に分解する。

② 胆　汁……リパーゼ………脂肪を脂肪酸とモノグリセドに分解する。

③ すい液……トリプシン……ペプトンをさらにポリペプチドに分解する。

④ 腸　液……ラクターゼ……スクロースをグルコースとフルクトースに分解する。

⑤ 胃　液……ペプシン………タンパク質をアミノ酸に分解する。

No.10　　　　　　　　　　　　　　　　　　　　　　　　　　　　　　　（解答▶P.36）

ヒトの自律神経系は交感神経と副交感神経とからなる。次のうち，交感神経の作用によるものはどれか。

① 瞳孔の縮小　　　　② 心臓の拍動の抑制　　　　③ 血圧を低くする

④ 皮下血管の収縮　　⑤ 呼吸運動の抑制

第5章 神経系の発達

No.1

(解答 ▶ P.37)

ヒトの脳の構造とはたらきに関する次の記述のうち正しいものはどれか。

① からだの各部の平衡感覚の中枢は中脳である。

② ヒトの神経系は中枢神経系と末梢神経系に分かれるが脳は末梢神経系である。

③ 間脳は視床と視床下部からなり視床は自律神経系，内分泌系の中枢である。

④ 小脳は眼球運動，姿勢保持の中枢である。

⑤ 脳は大脳，中脳，小脳，間脳，延髄を指す。

No.2

(解答 ▶ P.37)

次の文の（　　）の中に入れる語句の正しい組合せはどれか。

　タンパク質の分解によって生じる有毒なアンモニアはヒトでは（　ア　）で二酸化炭素と結合されて（　イ　）につくり変えられ（　ウ　）でろ過され排出される。

	ア	イ	ウ
①	肝臓	尿素	腎臓
②	肝臓	尿酸	腎臓
③	じん臓	尿素	ぼうこう
④	じん臓	尿酸	ぼうこう
⑤	すい臓	尿素	腎臓

No.3

(解答 ▶ P.37)

ヒトの消化器官についての記述で，正しいものは次のうちどれか。

① 胃液は普通は強アルカリ性である。

② だ液のpHは7 ～ 8である。

③ 大腸は消化酵素によって分解されてグルコースやアミノ酸を吸収する。

④ 胆のうは胆汁をつくり脂肪の消化を助ける。

⑤ 小腸は消化液を分泌するが栄養分の吸収はしない。

No.4

（解答 ▶ P.37）

ヒトの呼吸やだ液分泌などの中枢は，どれに存在するか。

① 大脳

② 中脳

③ 小脳

④ 間脳

⑤ 延髄

No.5

（解答 ▶ P.37）

脊椎動物の器官で外胚葉から形成されるものは，次のうちどれか。

① 脳

② 肺

③ 筋肉

④ 生殖器官

⑤ 心臓

No.6

（解答 ▶ P.37）

神経に関する次の記述のうち，間違っているものはどれか。

① 神経組織を構成する1個の神経細胞のことをニューロンという。ニューロンは，細胞体，軸索，樹状突起から成る，興奮伝導のための特殊細胞である。

② ニューロンは，刺激がある一定の強さになると興奮し，その活動電位の大きさは刺激の強弱によって変化する。

③ 神経繊維の表面とその内側との間に電位差がある。これを静止電位という。刺激を受けて興奮するとこの電位差が表面と内側で逆転する。この逆転が神経繊維上を伝わることで，興奮を伝導する。

④ 神経細胞の興奮を，別の神経細胞や効果器に伝える部分は，軸索の末端部分にあるシナプスである。

⑤ シナプスで他の神経細胞に興奮を伝えるのは，アセチルコリンやノルアドレナリンなどの神経伝達物質である。

脊椎動物の脳に関する記述で正しいものはどれか。

① 大脳は，前頭葉，頭頂葉，側頭葉，後頭葉に区分され，はたらきを分別している。意欲，創造の中枢は前頭葉，眼球の反対運動やこう彩の収縮運動は頭頂葉がつかさどる。

② 小脳は大脳の後方下部にあり，呼吸運動，心臓の拍動，血管収縮の調節中枢である。

③ 間脳は大脳の底面にあり視床と視床下部に分かれている。内臓のはたらきの調節，血糖量の調節など自律神経の中枢である。

④ 延髄の大部分は神経繊維の通路で，大脳の命令を末梢神経へ中継させるはたらきをする。呼吸，心臓の拍動などの調節と条件反射に大きく関与している。

⑤ 中脳は間脳の真下にあり，ほとんどの部分が感覚神経や運動神経の通路であるが，随意運動の量を自動的に調節したり，姿勢を正しく保つはたらきをする。

ヒトの栄養分の消化・吸収について述べた次の文のうち，間違っているものはどれか。

① 炭水化物はだ液，すい液，腸液の中の消化酵素のはたらきによって単糖類に分解されて，小腸から毛細血管に吸収されて各組織に送られ，エネルギーとして消費される。余った糖分は肝臓や筋肉中でグリコーゲンとして蓄えられる。

② 食物は，小腸まででほとんど消化・吸収されてしまうので，大腸は残りの食物のカスを排出するためておく場所であり，水や養分の分解・吸収は一切行わない。

③ 肝臓は，胆汁を作り分泌する。胆汁は胆のうに蓄えられ消化酵素は含んでいないが，脂肪を乳化し，リパーゼのはたらきを受けやすくする。

④ タンパク質から分解されたアミノ酸は毛細血管に吸収されたのち，血液の成分となったり，肝臓や各細胞組織でタンパク質に再合成されたりする。また，過剰のアミノ酸は肝臓でグリコーゲンとして蓄えられる。

⑤ 脂肪から分解された脂肪酸とモノグリセリドは，小腸の柔突起で吸収されたのち再び脂肪となり，リンパ管，胸管，左鎖骨下動脈と運ばれ，全身に運搬され皮下脂肪や体脂肪として蓄えられる。

No.9

（解答 ▸ P.38）

次の神経系に関する記述のうち，最も妥当なものはどれか。

① 1つの細胞からなる神経繊維をいくら刺激しても，その強さが一定以上にならないと刺激は伝達されない。しかし，刺激の強さが一定の値を超えると，それがいくら大きくなっても神経繊維が伝える信号の大きさは変わらない。

② 神経繊維は，受容器から大脳まで，また大脳から効果器まで途切れることなくつながった1つの細胞である。このため神経繊維が受け取った刺激は途中で消失することなく伝達される。

③ 神経繊維は刺激を受け取ると中枢と末梢の両方向に刺激を伝達する。一方の刺激は脳や脊髄などの中枢神経系に到達するが，他方の刺激は直接筋肉細胞などの効果器に伝達され，熱いものに触れたときに思わず手を引っ込めるような反射行動を起こす。

④ 間脳は大脳，中脳と神経の中継ぎを行う器官で，この機能が失われると，熱いものに手を触れたときに思わず手を引っ込める等の動作ができなくなる。

⑤ 延髄は身体の平衡を保ち，筋肉の運動を滑らかにするはたらきをしており，この機能が失われると，運動に支障が生じるが，生命維持には影響しない。

No.10

（解答 ▸ P.38）

椅子に座ったヒトのひざの下を軽くたたくと，足が跳ね上がる。これをしつがい腱反射というが，この反射の経路を表したものとして，最も妥当なものはどれか。

① 刺激 → 筋肉 → 感覚神経 → 延髄 → 運動神経 → 筋肉
② 刺激 → 受容器 → 感覚神経 → 脊髄 → 運動神経 → 筋肉
③ 刺激 → 受容器 → 感覚神経 → 延髄 → 運動神経 → 筋肉
④ 刺激 → 筋肉 → 運動神経 → 脊髄 → 運動神経 → 筋肉
⑤ 刺激 → 受容器 → 運動神経 → 脊髄 → 運動神経 → 筋肉

アレルギーについて正しく述べた記述として，最も妥当なものはどれか。

① 生体に外部から侵入した病原体や異物を拒否し，排除する仕組みのこと。

② 生体に抗体を作らせる異物のこと。

③ 弱めたり殺した病原体を，生体に与えて抗体生産を促すこと。

④ 異物と抗体の反応により，生体に不利な影響が起こるとき，影響を受けた状態のこと。

⑤ 血清中に一度抗体ができて，同種の抗原が再び進入しても，沈殿や凝集反応が起こり抗原を除くこと。

ヒトの脳の各部位の名称とそのはたらきの組合せについて述べた記述のうち，間違っているものはどれか。

① 運動を調節し，体の平衡を保つ反射の中枢は小脳である。

② 感覚，運動，記憶，言語，思考，感情などを支配する中枢は大脳である。

③ 間脳は，体温，摂食，生殖，血圧，睡眠などの本能的活動の調整や内臓の働きを調整する自律神経系の中枢である。

④ 小脳は，耳にある平衡器官や，筋肉から送られてくる信号を受け取って，体の姿勢を保つのに必要な命令を筋肉に向けて送り出す中枢のはたらきがある。

⑤ 延髄は大脳の命令を末梢神経へ中継する機能を果たすとともに，反対運動の中枢であり，爬虫類ではよく発達している。

No.13

(解答 ▶ P.38)

次の記述のうち，誤りを含むものはどれか。

① ヒトの耳はうずまき管の内部にある聴細胞で音を受容するほか，前庭で平衡感覚，半規管で回転感覚を引き起こす。

② ヒトの目の網膜にはかん体細胞と錐体細胞の2つの視細胞があり，色を識別する錐体細胞には3種類ある。

③ 1つの細胞からなる神経繊維をいくら刺激しても，その強さが一定以上にならないと刺激は伝達されない。これを閾値という。閾値を超えると，刺激が強くなるほど興奮の大きさも大きくなる。

④ 脊椎動物の筋肉は，意志で動く随意筋と，心臓や消化管などの内臓にある不随意筋がある。

⑤ 大脳と体中の受容器・効果器は神経細胞でつながっているが，多くの神経細胞は延髄を通るときに左右が交差する。このため，右目から入った情報は左脳で処理されている。

No.14

(解答 ▶ P.38)

腎臓に関する次の文章の空欄 A ～ E に当てはまる語句の組合せとして，最も妥当なものを選べ。

　腎臓の内部構造は，皮質，髄質，腎うの3つの部分に分けられる。皮質は腎臓の最も外側の部分で，ここには（　A　）が無数に存在している。（　A　）はボーマンのうと呼ばれる薄い袋と，その中にある毛細血管の集まりである（　B　）から成り立っている。この（　B　）の毛細血管で，血液中の血球と大きな分子であるタンパク質，脂肪以外の，水や（　C　）がボーマンのうに濾し出される。これを原尿という。

　ボーマンのうからは（　D　）が出ており，（　B　）から出た毛細血管に取り囲まれている。ボーマンのうろ過された原尿のうち，グルコースと水のほとんど，必要な無機塩類が血管内に再吸収される。このとき再吸収されなかった成分が尿となる。原尿の約（　E　）%が尿になる。

	A	B	C	D	E
①	マルピーギ小体(腎小体)	糸球体	尿素	細尿管	75
②	糸球体	マルピーギ小体(腎小体)	アンモニア	マルピーギ管	75
③	マルピーギ小体(腎小体)	糸球体	尿素	細尿管	1
④	糸球体	マルピーギ小体(腎小体)	尿素	マルピーギ管	1
⑤	マルピーギ小体(腎小体)	糸球体	アンモニア	細尿管	50

No.15 （解答 ▶ P.38）

副交感神経がはたらく器官とその作用の組合せとして，最も妥当なものはどれか。

① 瞳孔…拡大
② すい臓…インスリン分泌
③ 消化器…抑制
④ 心臓…促進
⑤ ぼうこう…拡大促進

No.16 （解答 ▶ P.38）

体内ではたらくホルモンと血糖に関する記述のうち，最も妥当なものはどれか。

① 血糖が増加するとアドレナリンが分泌され，顔面の毛細血管が収縮して顔が青くなり，脈が速くなり，瞳が開く。
② すい臓が分泌するグルカゴンは，肝臓と筋肉に作用してグリコーゲンをグルコースに変え，血糖を増加させる。
③ 脳下垂体後葉で分泌される成長ホルモンは，体内の糖消費を促進するとともに，タンパク質の合成を促進して骨，筋肉および内臓の成長を促進するはたらきをもつ。
④ 脳下垂体中葉で分泌されるインスリンは，細胞の反応性と水分吸収を促進するとともにグリコーゲンを分解し，血糖を増加させるはたらきをもち，これが欠乏すると糖尿病になる。
⑤ 副腎髄質で分泌されるアドレナリンは，副交感神経の働きを促進し，心臓拍動促進，血圧上昇，血糖上昇のはたらきをもち，これが欠乏すると血糖低下を招く。

No.17

（解答 ▶ P.38）

血液の凝集に関する次の文章の空欄ア〜エに当てはまる語句の組合せとして，最も妥当なものはどれか。

A型の血液とB型の血液を混ぜると，A型の赤血球に含まれる凝集原（ア）とB型の（イ）に含まれる（ウ）αが反応したり，A型の（イ）に含まれる（ウ）βとB型の凝集原(エ)が反応したりして，血球の凝集が起こる。

	ア	イ	ウ	エ
①	A	血しょう	凝集素	B
②	A	白血球	凝集素	B
③	A	血小板	凝集素	B
④	O	血しょう	凝集原	α
⑤	O	白血球	凝集原	α

No.18

（解答 ▶ P.39）

次の文章のア〜エに当てはまる語句の組合せとして，最も妥当なものはどれか。

　間脳の視床下部からは大きく2つの経路によって伝えられる。

1つは（　ア　）系で，交感神経と副交感神経の2つがある。この2つは内臓などのさまざまな器官で（　イ　）的にはたらいている。神経系では細胞体から伸びている突起の中を電気的な変化として伝えられる。

　もう1つの経路は内分泌系で，その情報は（　ウ　）と呼ばれる化学物質によって伝えられる。（　ウ　）は，主に体液によって体中に運ばれるが，特定の細胞のみに作用する。体内に分布している内分泌腺のうち，間脳の下に突き出た（　エ　）は他種類の（　ウ　）を分泌する重要な器官である。

	ア	イ	ウ	エ
①	循環	協奏	ホルモン	甲状腺
②	循環	拮抗	ヌクレオチド	脳下垂体
③	自律神経	協奏	ヌクレオチド	脳下垂体
④	自律神経	拮抗	ホルモン	甲状腺
⑤	自律神経	拮抗	ホルモン	脳下垂体

（解答▶P.39）

下の絵はヒトの脳の断面図（模式図）である。各部のはたらきについて正しく述べたものをすべて選んだ組合せとして，最も妥当なものはどれか。

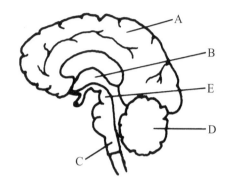

ア　Dは，心臓の拍動，血流，呼吸の強弱などを自動的に調整する，生命維持に欠かすことのできない反射の中枢がある。

イ　Bは視床と視床下部に分けられる。視床下部は自律神経系の中枢として，さまざまな器官のはたらきや体温・代謝などの調節を行っている。また，脳下垂体を支配し，内分泌機能を調節するはたらきがある。

ウ　Eは，耳にある平衡器官や，筋肉から送られてくる信号を受け取って，体の姿勢を保つのに必要な命令を筋肉に向けて送り出す中枢のはたらきがある。

エ　Aは左右の半球に分かれ，それぞれ皮質と髄質から成り立っている。皮質には，感覚や，意志による運動を支配する中枢があるほか，記憶・言語・思考・感情など，さまざまな精神活動の中枢がある。

オ　Cは，眼球の動き，瞳孔の開閉，姿勢の保持などに関係する反射の中枢がある。

① 　ア，エ
② 　イ，エ
③ 　イ，ウ，オ
④ 　ウ，エ
⑤ 　エ，オ

No.20

（解答 ▶ P.39）

呼吸について述べた文章の空欄ア〜オに当てはまる語句の組合せとして，最も妥当なものはどれか。

　細胞がグルコースなどを呼吸基質とするとき，呼吸の全段階は3つの反応段階に分けることができる。

　まず細胞の（　ア　）で，1分子のグルコースが2分子のピルビン酸に分解される。この反応は（　イ　）と呼ばれ，酸素を必要としないことが特徴である。次にピルビン酸はミトコンドリアの（　ウ　）内で（　エ　）回路と呼ばれる反応で二酸化炭素と水に分解される。（　イ　）と（　エ　）回路でできた水素原子は，ミトコンドリアの内膜で酸化されて水になる。この3つの反応段階で，合計約（　オ　）ATPが生成される。

	ア	イ	ウ	エ	オ
①	細胞質基質	解糖系	クリステ	カルビン・ベンソン	32
②	細胞質基質	発酵系	マトリックス	クエン酸	34
③	細胞質基質	解糖系	マトリックス	クエン酸	32
④	ミトコンドリア	発酵系	クリステ	クエン酸	34
⑤	ミトコンドリア	解糖系	マトリックス	カルビン・ベンソン	32

No.21

（解答 ▶ P.39）

肝臓について述べた文章の空欄ア〜オに当てはまる語句の組合せとして，最も妥当なものはどれか。

　ヒトの場合，肝臓は体重の約4％を占め，大量の血液が出入りする器官である。小腸で消化・吸収されたグルコースは肝臓に運ばれて（　ア　）に変えられて貯蔵される。アミノ酸や脂質の代謝も行われ，グルコースが作られる。アミノ酸が代謝・分解されると有害な（　イ　）が生じる。これを肝臓の（　ウ　）回路で毒性のほとんどない（　エ　）に変えられて腎臓から排出される。

　このほか，アルコールや薬物を無害な物質に変える解毒作用や，血液を貯蔵したり古くなった（　オ　）を破壊したりする。肝臓で行われる代謝によって熱が発生し，これが体温の保持に使われている。

	ア	イ	ウ	エ	オ
①	グリコーゲン	アンモニア	カルビン・ベンソン	尿素	白血球
②	グリコーゲン	尿素	オルニチン	アンモニア	白血球
③	アミノ酸	アンモニア	カルビン・ベンソン	尿素	赤血球
④	グリコーゲン	アンモニア	オルニチン	尿素	赤血球
⑤	アミノ酸	尿素	オルニチン	アンモニア	赤血球

第6章 遺伝の仕組みと遺伝子の本体

No.1

（解答 ▶ P.40）

オシロイバナの赤花と白花を交配したら，F₁はすべて桃色になった。これを自家受粉させると，花の色はどんな割合で現れるか。正しいものはどれか。

① 赤：白 = 1：1

② 赤：桃：白 = 1：1：1

③ 赤：桃：白 = 1：2：1

④ 赤：桃：白 = 2：1：2

⑤ 全部桃色

No.2

（解答 ▶ P.40）

エンドウの種子の形が丸形の遺伝子(R)は，しわ形の遺伝子(r)に対して顕性であり，子葉の色が黄色の遺伝子(Y)は，緑色の遺伝子(y)に対して顕性である。また，種子の形に関する遺伝子と子葉の色に関する遺伝子はそれぞれ独立している。

遺伝子型$RRYy$の個体と遺伝子型$RRyy$の個体をかけあわせたとき，次の代に出現する個体の遺伝子型はどんな型のものが現れるか。

① $RRYy$のみ

② $RRyy$のみ

③ $RRYY$と$RRyy$

④ $RRYy$と$RRyy$

⑤ $RRYY$と$RRYy$

No.3

（解答 ▶ P.40）

次の記述のうち正しいものはどれか。

① ヒトのA，B，O式血液型には３種類の遺伝子が関係している。
② A型の遺伝子はB型の遺伝子に対して顕性である。
③ A型の父親とB型の母親から生まれる子供の血液型はA型，B型，AB型のいずれかでありO型は生まれない。
④ ABO式血液型では遺伝子型は４種類ある。
⑤ A型の父親とO型の母親からはO型は生まれない。

No.4

（解答 ▶ P.40）

核酸にはDNA（デオキシリボ核酸）とRNA（リボ核酸）がある。
RNAはリボソーム，伝令，運搬などの種類があり，タンパク質合成に重要な役割を果たしている。それではDNAの役割は何か。次の記述の中で正しいものを選べ。

① 体内の酸化，還元等の反応に際し触媒としてはたらく。
② RNAの遺伝情報に従って，細胞質でのタンパク質合成に重要な役割を果たす。
③ タンパク質のアミノ酸の配列を行う。
④ 酵素を作り，栄養分を分解する。
⑤ 細胞増殖の際，自らを複製することによって遺伝情報を伝えていく役割を果たす。

No.5   （解答 ▶ P.40）

血液型の異なるa，b，cの3人がいる。aの血液はb，cに輸血できる。cはa，bに輸血できない。bの血液をA型血液の検査液に注入したら凝集した。

以上のことからa，b，c 3人の血液型としてありうる組合せはどれか。

	a	b	c
①	A	AB	B
②	O	A	B
③	O	B	AB
④	AB	B	O
⑤	AB	A	O

No.6   （解答 ▶ P.40）

DNAに関する次の記述のうち，間違っているものはどれか。

① DNA分子は，多数のヌクレオチドが細長い鎖状になったものが2本，ねじれたはしご状に結合している。これを二重らせん構造という。
② DNAは遺伝子の本体であり，染色体の中に存在する。
③ 細胞分裂によって染色体が分離しても，それぞれ同じ遺伝子が存在する。また，DNAは自己を複製する能力を持ち，細胞分裂を繰り返しても遺伝子の量や質は変化しない。
④ DNAは酵素やタンパク質を直接合成する。
⑤ DNAは自己複製能力をもつが，絶対的なものではなく，ときどき突然変異によって変化することがある。

No.7

（解答 ▶ P.40）

丸くて黄色い種子を持つエンドウの純系（ホモ）と，しわのある緑色の種子を持つエンドウの純系を交雑させると，得られた種子は全部丸くて黄色になった。この雑種（ヘテロ）F_1と，しわで緑色の種子をもつエンドウの純系を再び交雑させると，丸・黄，丸・緑，しわ・黄，しわ・緑の種子の数はどのような割合になるか。

	丸・黄		丸・緑		しわ・黄		しわ・緑
①	9	:	3	:	3	:	1
②	3	:	1	:	3	:	1
③	1	:	1	:	1	:	1
④	9	:	7	:	0	:	0
⑤	2	:	0	:	1	:	0

No.8

（解答 ▶ P.40）

ショウジョウバエの眼の色は，赤が顕性で白が潜性である。その遺伝子は性染色体のX染色体上にある。ホモの赤眼の雌と白眼の雄から生まれた赤眼の雌に，赤眼の雄を交雑させると，生まれるショウジョウバエの眼の色はどのようになるか。最も妥当な記述を選べ。なお，ショウジョウバエの性染色体は，雌がXX，雄がXYである。

① 雌，雄ともに，全部赤眼。

② 雌は赤眼と白眼が1：1，雄は全部赤眼。

③ 雌，雄ともに赤眼と白眼が1：1。

④ 雌は全部赤眼で，雄は赤眼と白眼が1：1。

⑤ 雌は全部赤眼で，雄は全部白眼。

遺伝についての記述のうち，正しいものはどれか。

① 動物で配偶子形成の過程で減数分裂が行われ，対立遺伝子は配偶子に分離されるが，植物では一対の対立遺伝子はそのまま配偶子に入る。

② 顕性形質を現す個体は，その遺伝型がホモかヘテロか表現型では区別できない。この場合，潜性のホモ接合体と交雑させると，その結果からホモかヘテロか判断することができる。これを確認交雑という。

③ ヒトの色盲の遺伝子は性染色体にあり，潜性遺伝子である。そのため男性と女性への遺伝の仕方に偏りが見られる。このような遺伝を，抑制遺伝という。

④ 1つの遺伝子がある形質を現すと同時に，それがヘテロの組合せになったときにその個体が発生途中で死んでしまう場合がある。このようなはたらきを持つ遺伝子を致死遺伝子という。たとえば，ハツカネズミの毛の色には黄色(Y)と黒色(y)があるが，Yyになると母体内で死亡して生まれてこない。

⑤ 対立遺伝子間の顕性・潜性関係が不完全な場合を不完全顕性といい，このような遺伝子による遺伝を中間遺伝という。例えば，マルバアサガオの赤花(RR)と白花(rr)を交雑すると，その第一代はすべて中間色の桃色花(Rr)ができる。

エンドウの種子の形には，丸としわがあり，丸はしわに対して顕性である。丸の遺伝子をA，しわの遺伝子をaとする。

いま，丸(P)としわ(aa)を交雑すると，その子Fは丸としわが1：1の割合で生じた。このとき，親の丸(P)と，子の丸(F_1)，子のしわ(F_1)の遺伝子型の組合せとして最も妥当なものはどれか。

	丸(P)	丸(F_1)	しわ(F_1)
①	Aa	Aa	aa
②	AA	Aa	aa
③	Aa	AA	aa
④	AA	AA	aa
⑤	Aa	Aa	Aa

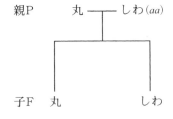

No.11

(解答 ▶ P.41)

モルモットには白色と黒色のものがある。白色の遺伝子bは黒色の遺伝子Bに対して潜性であることがわかっている。モルモットをいろいろな組合せで交配させたところ，子の配色が黒色：白色＝3：1となった。このとき，両親の遺伝子型として最も妥当なものはどれか。

① $BB \times Bb$

② $BB \times BB$

③ $BB \times bb$

④ $Bb \times Bb$

⑤ $bb \times bb$

No.12

(解答 ▶ P.41)

スイートピーの花色の発現には，色素原を作る遺伝子(C)と，色素原を色素に変える酵素を作る遺伝子(P)が共存するときにだけ紫色になり，それ以外は白である。このような遺伝子の関係を補足遺伝子という。いま，紫花をつける顕性ホモ接合体($CCPP$)と白花をつける潜性ホモ接合体($ccpp$)を交雑すると，子F_1はすべて紫色になった。この子F_1に遺伝子型が（$ccPp$）の白花を交配させると，その子F_2の表現型と分離比はどのようになるか。正しいものを選べ。

	紫花	：	白花
①	1	：	3
②	3	：	5
③	3	：	1
④	13	：	3
⑤	5	：	3

（解答 ▶ P.41）

DNAの構造について述べた次の文章の空欄に，当てはまる語句の組合せとして最も妥当なものはどれか。

　DNAの構成成分は（　ア　），リン酸と４つの塩基である。それらが１つずつ結合したものをヌクレチオドとよぶ。DNAは（　イ　）本のヌクレチオド鎖が（　ウ　）状に結びついた構造をとる。ヒトの体細胞の核にあるDNAには約60億対のヌクレチオド対が含まれており，それらが（　エ　）本の染色体に分かれて収まっている。

	ア	イ	ウ	エ
①	リボース	2	らせん	46
②	リボース	4	はしご	23
③	デオキシリボース	2	らせん	23
④	デオキシリボース	4	はしご	46
⑤	デオキシリボース	2	らせん	46

第7章 生殖と発生

No.1

（解答 ▶ P.42）

次の動物の中で1つだけ違った仲間が入っている。それはどれか。

① クモ
② バッタ
③ トンボ
④ セミ
⑤ ショウジョウバエ

No.2

（解答 ▶ P.42）

次の組合せの中で正しくないのはどれか。

	ホルモン	内分泌腺	欠乏症・過剰症
①	成長ホルモン	脳下垂体前葉	巨人症
②	チロキシン	甲状腺	バセドウ病
③	アドレナリン	副腎皮質	糖尿病
④	インスリン	ランゲルハンス島	糖尿病
⑤	パラトルモン	副甲状腺	テタニー

（解答 ▶ P.42）

次の文章の空欄A ～ Eに当てはまる語句の組合せとして最も妥当なものはどれか。

　受精後に見られる特殊な細胞分裂を（　A　）という。（　A　）で生じた細胞のことを（　B　）といい，この細胞分裂では細胞の成長が見られないため（　B　）は小さくなっていく。（　B　）の数が32個～ 64個になるころの状態を（　C　）とよぶ。（　C　）のあと，中心部に腔所を持つようになる。この時期のものを（　D　）という。（　D　）はその後激しい変化を遂げて，二重の壁からなる袋状の（　E　）となる。

	A	B	C	D	E
①	割球	胞胚	卵割	原腸胚	桑実胚
②	卵割	割球	桑実胚	原腸胚	胞胚
③	卵割	桑実胚	割球	胞胚	原腸胚
④	割球	桑実胚	卵割	胞胚	原腸胚
⑤	卵割	割球	桑実胚	胞胚	原腸胚

（解答 ▶ P.42）

無性生殖に関する次の記述のうち，正しいものはどれか。

① 無性生殖は，動物・植物ともに下等な生物でのみ行われ，高等な生物では見られない。

② 栄養生殖は，植物の茎や根などの器官の一部が再生し新個体を作るので，クローンによる発生と同様に考えることができる。この生殖を行う植物は，有性生殖をしない。

③ 胞子による生殖は，母体の一部に胞子と呼ばれる生殖細胞ができて殖える方法である。シダ類，コケ類，カビ，キノコ類，水生の藻類など，植物に多く見られる。

④ 出芽は，母体の一部に突起(芽)が生じ，それが大きくなって分離して殖える方法である。そのため，栄養生殖の1つとして考えられることもある。動物では見られない。

⑤ 分裂は母体が2つ，またはそれ以上に分かれて殖える方法で，母体に比べて，新個体の体の大きさが異なることが特徴である。

No.5

（解答▶P.42）

次に挙げる**A～E**の動物のうち，第一次消費者を選んだ組合せとして最も正しいものはどれか。

A　トンボ

B　イナゴ

C　ワカサギ

D　ナマズ

E　ミジンコ

① C，D

② A，D

③ B，E

④ A，C

⑤ B，D

No.6

（解答▶P.42）

窒素同化作用に関する記述のうち，間違っているものはどれか。

① 多くの植物は窒素同化作用により，タンパク質を合成する。窒素化合物は土壌中のアンモニウム塩や硝酸塩である。

② 植物が利用できる窒素化合物はアンモニウム塩や硝酸塩，または空気中の窒素で，光合成などで作られた糖類などと化学変化を起こしアミノ酸を作る。

③ 植物の窒素同化作用は，光の強さと関係があり，アミノ酸の生成量は可視光線のエネルギーに比例する。

④ マメ科植物は根粒菌をもち，空気中の窒素を吸収し体内でアミノ酸などを合成する。

⑤ 無機窒素化合物からアミノ酸を合成するはたらきを窒素同化作用という。

第8章 生物の進化

（解答 ▶ P.42）

No.1

ワイズマンによる新ダーウィン説を説明している内容は次のどれか。

① 用いる器官は発達し，用いない器官は退化する。

② 生存競争の結果，環境に適した個体が生き残り，これが進化の要因となる。

③ 生殖細胞に生じた変異に自然選択がはたらく。

④ 突然変異が進化の要因となる。

⑤ 生物は一定方向に進化する性質をもつ。

（解答 ▶ P.42）

No.2

進化に関する説について，ドフリースの進化論として正しいものはどれか。

① 生物の器官は使用すれば発達し，使用しなければ退化する。

② 個体異変→生存競争による適者生存。

③ 突然変異による新形質が遺伝進化する。

④ 生物集団が隔離されると，別の種に分化する。

⑤ 生物の器官は一方向に進化する性質がある。

No.3

（解答 ▶ P.42）

生物の進化説について述べた次の記述のうち，誤っているものはどれか。

①　ラマルクが発表した『用不用説』は，動物は欲求にしたがって行動するが，そのときによく使用する器官は発達し，使用しない器官は退化し消失するという考えである。

②　限られた環境の中では生存競争の結果，生活条件に適した形質を持つ個体だけが選択されて生き残り，この形質が子孫に伝えられていき代を重ねることによって，異なる種類の生物となる。この考えは，ダーウィンが発表した『自然選択説』である。

③　ワグナーは生物集団が地理的に隔離され他の集団と交雑が起こらなくなると，進化の進行が妨げられるという，『隔離説』を発表した。

④　ドフリースは，進化はゆっくりとした個体変異によって起こるのではなく，突然変異によって生じた個体がもとになるという『突然変異説』を発表した。

⑤　アイマーらは，生物の進化は適応や自然選択とは無関係で，進化の要因は生物内部にあり一定方向に変わっていくという『定向進化説』を発表した。

No.4

（解答 ▶ P.42）

次の5つの記述のうち，ダーウィンの進化論について述べたものとして，最も妥当なものはどれか。

①　変異を持った個体の中から，環境条件に適応したものが有利な選択を受けて生き残った。

②　生殖細胞に起こった変化のみが子孫に伝えられ，自然選択を受けて有利なものが生き残った。

③　生活の中でよく使う器官は発達し，使わない器官は退化し，その変化が子孫に遺伝した。

④　個体が生存中に受けた変化が子孫に遺伝して進化していった。

⑤　生物の進化とその地理的分布に関係があり，隔離されて別々の進化を遂げることで多様性が生じた。

第9章 生態系と環境問題

No.1

（解答 ▶ P.43）

生態系に関する次の記述のうち正しいものはどれか。

① 生産者とは一般に子どもを多くつくる魚やほ乳類のことである。
② 生産者とは一般に無機物から有機物をつくる植物のことである。
③ 消費者は分解者が分解した無機物を消費する。
④ 一般に被食者より捕食者のほうが数が多い。
⑤ 分解者とは有機物を食し，無機物に還元する動物のことである。

No.2

（解答 ▶ P.43）

次の生殖作用の組合せで正しいものの組合せはどれか。

A　クジラ————体外受精
B　コウボ————分裂
C　アオミドロ——接合
D　シダ————出芽
E　サツマイモ——栄養生殖

① AとC
② BとD
③ CとE
④ AとD
⑤ DとE

No.3

（解答 ▶ P.43）

生態系における物質の循環について，次の文のうち間違っているものはどれか。

① 空気中のチッ素はマメ科植物が直接空気中より吸収し生態系内を循環する。
② 炭素は食物連鎖によって循環するが，エネルギーは生態系内を移動するだけである。
③ 化石燃料は植物が長い年月をかけ分解変化したものである。
④ 物質循環は無機物から有機物を生成する生産者，それを食する消費者，さらに生産者消費者の遺体，枯死体を分解する分解者の間を循環する。
⑤ 食物連鎖においてエサとなる生物の量とそれを食べる生物の量はほぼ等しい。

No.4

（解答 ▶ P.43）

動物の受精卵の神経胚期による各胚葉から形成される各器官，組織の組合せで間違っているものはどれか。

① 外胚葉→せき髄
② 外胚葉→骨格
③ 中胚葉→心臓
④ 中胚葉→筋肉
⑤ 内胚葉→肺

No.5

（解答 ▶ P.43）

無性生殖には，分裂，出芽，栄養生殖，胞子生殖があるが，次の組合せで間違っているものはどれか。

① イソギンチャク………分裂
② カイメン………………出芽
③ シイタケ………………胞子生殖
④ ワカメ…………………栄養生殖
⑤ ヤマイモ………………栄養生殖

下の図は，生態系における炭素の循環を表したものである。図のA ～ Dはそれぞれ何とよぶか。適する語句の組合せとして妥当なものはどれか。

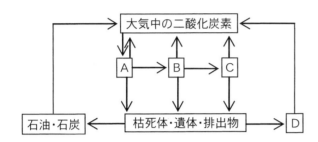

	A	B	C	D
①	生産者	分解者	一次消費者	二次消費者
②	生産者	一次消費者	二次消費者	分解者
③	生産者	一次消費者	分解者	二次消費者
④	分解者	生産者	一次消費者	二次消費者
⑤	分解者	一次消費者	二次消費者	生産者

第4編

地　学

第1章 地球の構造

No.1 (解答 ▶ P.44)

地球が生成し，地球が大気と海洋と大陸に分離していったとき，原始大気の組成で存在しなかったとされている物質はどれか。

① CO_2

② H_2S

③ O_2

④ NH_3

⑤ N_2

No.2 (解答 ▶ P.44)

次の記述は地球をとりまく気圏を説明したものである。この[　　　]内に入る適語の組合せとして正しいのはどれか。

「地球の気圏は高度により性質も異なり，これを5つに分類する。

まず地表から11km位までを対流圏といい，気温は徐々に[　a　]する。次に11kmから50km程度までを成層圏といい，オゾン層を形成している。温度は30km位まではほぼ一定で，それ以上はゆっくり[　b　]する。地表50km以上80km程度までを中間圏といい，気温は[　c　]する。

80km以上500km程度までを電離圏といい，気温は急激に[　d　]する。電離圏には酸素イオンと窒素イオンが充満している。高さ500km以上を外気圏といい気温は急激に[　e　]する。この中に放射能が常に強いバンアレン帯がある。」

	a	b	c	d	e
①	上昇	上昇	下降	下降	上昇
②	上昇	下降	下降	上昇	上昇
③	下降	下降	上昇	上昇	上昇
④	下降	上昇	上昇	下降	下降
⑤	下降	上昇	下降	上昇	上昇

No.3

(解答 ▶ P.44)

大気圏は気温の鉛直分布の特徴に基づいて区分され，名称がつけられている。下図の空欄（A）〜（D）に入る語句の組合せとして，最も妥当なものを選べ。

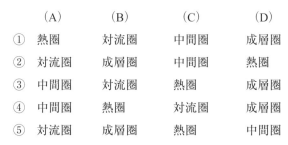

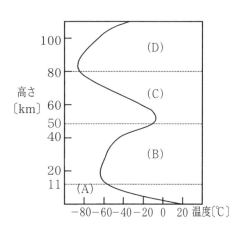

No.4

(解答 ▶ P.44)

地球の内部構造に関する次の記述のうち，間違っているものはどれか。

① 地球は層構造をしているが，各層の名称は，外側から『地殻』，『マントル』，『外核』，『内核』である。

② 地殻とマントルの境界を『モホロビチッチ不連続面（モホ面）』という。

③ 外核は地震波のS波が伝わらないことから，液体の状態であると考えられている。

④ 地球を構成している元素のうち，質量パーセントで一番多いものは酸素である。

⑤ 地殻の厚さは，一般に大陸地殻のほうが海洋地殻より厚い。

(解答 ▶ P.44)

地球の大気に関する次の記述のうち, 間違っているものをすべて選んだ組合せとして正しいものはどれか。

(ア) 地球の地表付近の大気を構成する成分で最も多いのは酸素, ついで水蒸気である。この酸素や水蒸気は, 地球上のすべての生物の生存に欠かすことができないものとなっているが, 地球以外の惑星にはほとんど酸素や水蒸気が無い。

(イ) 対流圏にあるオゾン層は, 太陽放射を適度に反射し地表付近の大気の気温を生物が生存するのに適したものとするのに役立っている。近年観測されている地球温暖化は, このオゾン層の破壊が最も大きな要因であると考えられている。

(ウ) 地球には絶えず太陽放射が入射しているが, 太陽放射のうちの一部が大気や地表面に達し, そのエネルギーとほぼ等量のエネルギーが大気圏外に放射され, エネルギーの収支がつり合っている。このため, 長い期間にわたって大気の平均気温は安定している。

(エ) 対流圏では, 上昇気流により雲が生じたり, 雨が降ったりするなど気象変化が激しい。

(オ) 熱圏では, 大気中の原子・分子の一部が電離してイオンになっており, この部分は地上からの電波をよく反射する。

① (ア)
② (ア), (イ)
③ (イ), (エ)
④ (ウ)
⑤ (ウ), (オ)

No.6 （解答 ▶ P.44）

地球の環境に関する次の記述のうち，最も妥当なものはどれか。

① ある種のフロンが多く放出されている地域の上空において，オゾン層の破壊が最も顕著に起きている。

② 熱帯雨林の減少により，大気中の酸素が減ったため，オゾン層が地球規模で破壊されつつある。

③ 地球上の雪氷面積が変化しても，太陽からの総日射量が一定ならば，地球規模で気候が変化することはない。

④ 大規模な火山爆発の噴煙が，周辺の気候に影響することがある。

⑤ 水源地の森林の乱伐は，現在の水資源の供給量を増大させ，水量を安定させるのに有効であるが，将来の木材の供給には支障をきたす。

No.7 （解答 ▶ P.44）

地球の気圏について述べた次の記述のうち，間違っているものはどれか。

① 成層圏では，生物に有害な赤外線をオゾン層が吸収しており，高さが増すとともに温度が上昇している。

② 対流圏では，上昇気流により雲が生じたり，雨が降ったりするなど気象変化が激しい。

③ 熱圏では，大気中の原子・分子の一部が電離してイオンになっており，この部分は地上からの電波をよく反射する。

④ 中間圏では高さとともに気温が下がり，上限の上空80km付近では－90℃に達する。流星はこの中間圏で燃え尽きて消滅する。

⑤ 紫外線やX線によって，大気がイオンと電子に分かれており，その密度が高い部分を電離層という。太陽風が電離層を刺激し発光するとオーロラとして観測される。

第2章 気圧と風

No.1

（解答 ▶ P.45）

ある地点での天気変化が次のようにあった。関係が深い現象は次のうちどれか。

「上空の雲は上層部に絹層雲が現れ，次第に乱層雲が下層部に発生した。雨が降り出し，次第に強くなった。その後晴天となり気温が上昇した。」

① 移動性高気圧が通過した。

② 寒冷前線が通過した。

③ 温暖前線が通過した。

④ 梅雨期に入った。

⑤ フェーン現象である。

No.2

（解答 ▶ P.45）

下の天気図を見て次の文章の（　　　）内のア～ウのうち正しいものの組合せはどれか。

A点では ｛a（ア）寒冷，（イ）温暖，（ウ）停滞｝前線が近づいてくるため現在｛b（ア）弱い，（イ）激しい｝雨が降っているが，その後天気は回復し気温は ｛c（ア）上がる，（イ）下がる｝。

Bでは ｛d（ア）寒冷，（イ）温暖，（ウ）停滞｝前線の接近により急に激しい雨が降り出すが雨は比較的早くやみ天気は回復するが気温は ｛e（ア）上がる，（イ）下がる｝。

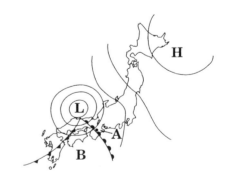

	a	b	c	d	e
①	イ	ア	イ	ア	イ
②	ウ	ア	ア	ア	イ
③	イ	ア	ア	ア	イ
④	ア	イ	イ	ウ	ア
⑤	イ	イ	ア	イ	ア

No.3

（解答 ▶ P.45）

次の文のうち間違っているものはどれか。

① 風とは温度差による熱対流である。

② 成層圏の高度20 ～ 30km付近はオゾンが最も多い。

③ 熱帯性低気圧のうち最大風速が約17m/s以上のものを台風という。

④ 低気圧地域では下降気流，高気圧地域では上昇気流を生じる。

⑤ 等圧線に沿って平行に吹く風を地衡風という。

No.4

（解答 ▶ P.45）

次の文は日本の気象について述べたものである。正しいものの組合せはどれか。

ア 春は大陸方面からの低気圧に続いて移動性高気圧が到来し，これが日本をおおうと日中は風も弱く快晴になるが，夜間は霜がおりて作物に被害を与えることがある。

イ 今年の梅雨前線は長時間日本上空に停滞し，いつ梅雨明けがあったのかわからないまま秋になったが，この原因は北太平洋高気圧の勢力が弱かったためである。

ウ 夏の気圧配置は西高東低である。

エ 海陸風はよい天気が続く間は毎日規則正しく繰り返されるが，この陸風と海風が交代するときは無風状態になる。この現象を「なぎ」といい1日に1回生じる。

オ 2月も半ばになると北西の季節風は次第に弱まり，台湾の北東海上に低気圧が発生し，日本の南岸沿いに発達しながら北上し，太平洋沿岸に暴風雪，暴風雨をもたらすことがしばしばある。

① アとウ

② イとエ

③ エとオ

④ ウとエとオ

⑤ アとイとオ

フェーン現象に関する記述で正しいものはどれか。

① 空気が乾燥し気温が上がるときで，春から夏にかけて発生しやすい。

② 湿った空気が山を越えたとき，風下側に高温で乾燥した空気をもたらす現象である。日本では春先に日本海側で発生しやすい。

③ 湿った空気が山を越えたとき，風下側に低温で乾燥した風をもたらす現象である。

④ 夏に日本海側の盆地が，高温で湿度が高くなる現象である。

⑤ 北太平洋高気圧のような海洋性高気圧は湿度が高く，これが熱帯夜を伴ったむし暑い日をもたらす。

成層圏の天気は安定して常に晴天である。その理由として正しいものはどれか。

① 空気分子が成層をなすから。

② 水蒸気がなく，空気の対流が起こらないから。

③ 風が吹かないから。

④ 温度が低いから。

⑤ 紫外線が強いから。

釧路，根室沖では夏に霧の日が多いが，この原因を述べたものとして正しいのはどれか。

① 背後の湿原上の湿った大気が移動して，冷たい地表にふれて霧が発生する。

② 陸上の湿った大気が夜間急激に冷却した地表にふれて霧が発生する。

③ シベリア気団の冷たい大気と小笠原気団からの暖かい大気がぶつかって霧が発生する。

④ 暖かい海面上の湿った大気が移動して，背後の湿原にふれて霧が発生する。

⑤ 小笠原気団からの湿った大気が冷たい海面にふれて霧が発生する。

No.8

(解答 ▶ P.45)

日本に大きな被害をもたらす台風についての記述のうち，最も妥当なものを選べ。

① 台風の進路は，北太平洋高気圧の影響を強く受け，北太平洋高気圧の勢力が強いときは，日本に上陸することが多い。

② 台風の目は，周囲から強風が吹き込むため，非常に強い風が吹いている。

③ 台風は，常に前線を伴うため，多くの雨を降らせる。

④ 日本における台風による被害の大きさは，台風の通る進路に関係し，暴風域は台風の目の西側よりも，東側が大きくなる。

⑤ 台風の進路は南東季節風の影響を受けるため，日本の西側に到達すると進路を変える。

No.9

(解答 ▶ P.46)

次は，日本の天気の移り変わりについて述べた文章である。文章の空欄に当てはまる語句の組合せとして，最も妥当なものはどれか。

　春になると，移動性高気圧と低気圧が交互に西から日本を通過する。また，低気圧が日本の南岸沿いを進むときに上空に寒気があると太平洋側に（　ア　）をもたらすことがある。日本海側に発達した低気圧があると，日本海側で高温で乾燥した風が吹く（　イ　）が起きやすい季節である。

　梅雨になると，オホーツク海高気圧からの寒冷な大気と日本の南方海上からの（　ウ　）高気圧がぶつかり，長く伸びた停滞前線をつくり断続的な雨が降る。

（　ウ　）高気圧が停滞前線を北に押し上げ，日本は南高北低の気圧配置となると，高温多湿な夏の天気に変わる。

　（　ウ　）高気圧が南に後退を始めると（　エ　）が日本列島に上陸するようになり，次第に北のシベリア高気圧が南下すると，日本の南岸沿いに前線が停滞して雨が断続的に続く。

　冬になると，日本列島の西にはシベリア高気圧が，東には低気圧があって西高東低の気圧配置となり，（　オ　）の季節風が強まって本州の日本海側では多量の降雪となることがある。

	ア	イ	ウ	エ	オ
①	雪	フェーン現象	北太平洋	台風	南東
②	雪	フェーン現象	北太平洋	台風	北西
③	雪	からっ風	北太平洋	台風	南東
④	晴天	からっ風	移動性	低気圧	北西
⑤	晴天	フェーン現象	移動性	低気圧	北西

（解答 ▶ P.46）

次の文章は下の天気図について述べたものである。この文章の空欄に当てはまる語句の組合せとして，最も妥当なものはどれか。

日本列島にかかる等圧線の間隔が狭いことから，風が（　ア　）吹いていることがわかる。典型的な（　イ　）の気圧配置で，（　ウ　）の季節風が吹いている。この季節は，日本海側で（　エ　），太平洋側で（　オ　）となることが多い。

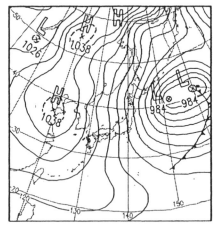

	ア	イ	ウ	エ	オ
①	弱く	西高東低	北西	晴天	大雪
②	強く	東高西低	南東	大雪	晴天
③	弱く	東高西低	北西	大雪	晴天
④	強く	西高東低	南東	晴天	大雪
⑤	強く	西高東低	北西	大雪	晴天

 （解答 ▶ P.46）

気象現象について述べた次の記述のうち，間違っているものはどれか。

① 沿岸部では，日中と夜とで風の吹き方が変わる。この風を海陸風と呼ぶ。日中は陸が高温になるため海から陸に向かって吹く海風，夜は陸の温度が下がるため陸から海に向かって吹く陸風になる。海風と陸風が切り替わるときに風が止むことを凪という。

② 季節ごとに吹く風を季節風という。季節風の原因は，主に大陸と海洋の表面温度差によるものである。日本では冬に北西の季節風が強く吹き，夏は弱い南東の季節風が吹く。

③ 移動性高気圧が日本海を東進し急速に発達すると，南から強い風が吹き込み日本海側で気温が上昇する。これをフェーン現象と呼び，春に多く見られる現象である。

④ 中緯度では地上も上空も地球を1周するような貿易風が吹いている。貿易風のうち，100m/sにも達する強いものはジェット気流とよばれ，日本では梅雨明けや台風の進路に大きく影響している。

⑤ 6月中旬から7月中旬頃にかけて，オホーツク海高気圧と北太平洋高気圧の間に発達する停滞前線によって雨が多くなる時期を梅雨とよぶ。このとき，梅雨前線の西から湿った空気が流れ込むと，前線付近で大雨になることがある。

第3章 岩 石

No.1

（解答 ▶ P.47）

次の岩石の分類でその組合せが正しくないのはどれか。

① 花こう岩―――火成岩
② 玄武岩―――――たい積岩
③ アンザン岩――火成岩
④ 石灰岩―――――たい積岩
⑤ 大理石―――――変成岩

No.2

（解答 ▶ P.47）

カコウ岩に関する記述で正しいものはどれか。

① マグマが地表近くで急に冷えて固まった火山岩の一つである。
② 斜チョウ石，カクセン石，キ石などの鉱物からできている。
③ セキエイ，カリ長石などの鉱物が主成分で白っぽい酸性岩である。
④ 斑晶から成る組織の岩石である。
⑤ 密度の大きい岩石である。

（解答 ▸ P.47）

表のA，B，C，Dに入る岩石の組合せとして正しいものはどれか。

	酸性岩	中性岩	塩基性岩
火山岩	リュウモン岩	A	B
深成岩	C	センリョク岩	D

	A	B	C	D
①	花こう岩	アンザン岩	ハンレイ岩	玄武岩
②	玄武岩	花こう岩	アンザン岩	ハンレイ岩
③	アンザン岩	玄武岩	花こう岩	ハンレイ岩
④	玄武岩	アンザン岩	花こう岩	ハンレイ岩
⑤	花こう岩	アンザン岩	玄武岩	ハンレイ岩

（解答 ▸ P.47）

下の文中の空欄A，B，Cに入れるものをア〜カから選んだ組合せとして正しいのは，次のうちどれか。

　マグマが地下の深い所でゆっくり冷え固まると，　A　をもつ火成岩ができる。これを深成岩という。また，マグマが地下の浅い所で急激に冷やされると，小さい結晶である　B　と比較的大きい結晶である　C　が混じった火成岩ができる。これを火山岩という。

ア　変成岩　　イ　火成岩　　ウ　斑晶
エ　石基　　　オ　等粒状組織　　カ　斑状組織

	A	B	C
①	カ	ウ	エ
②	カ	エ	ウ
③	オ	エ	ウ
④	オ	ウ	エ
⑤	オ	ア	イ

No.5

（解答▸P.47）

文中の空欄A～Dに入る語句の組合せとして正しいのは，次のうちどれか。

　水と岩石の違いをみると，岩石の比熱は水より（　A　）いので，岩石の方が温まり（　B　）く，冷え（　C　）い。このため大陸と海岸の境界域においては，夏は大陸のほうが高温になるので，大陸の上の大気は上昇し，海岸からの空気が流れ込み，冬は大陸の上の空気が冷えて，海岸の上の空気が暖かいため，大陸から海岸に向かって風が吹く。これが（　D　）である。

	A	B	C	D
①	大き	やす	にく	貿易風
②	小さ	にく	やす	季節風
③	小さ	やす	やす	季節風
④	小さ	やす	やす	貿易風
⑤	大き	にく	にく	季節風

No.6

（解答▸P.47）

プレートテクニクスに関する下の文の｛　｝のうちから正しい語句を選んであるものは①～⑤のうちどれか。

　地磁気縞模様で明らかになった海底には海溝部分と大山脈を形成している海嶺の存在がみられる。（ア）｛海嶺　海溝｝下において生成された海底は1枚の板（プレート）のようになっている。プレートの厚さは約（イ）｛100km　1000km｝で年間に数cmの速さで（ウ）｛地殻　マントル｝上を移動し（エ）｛海嶺　海溝｝に沈んでいく。（オ）｛海のプレート　陸のプレート｝は（カ）｛海のプレート　陸のプレート｝の前面でその下にもぐり込み，その歪みによりプレートの境界面で破壊が起こり地震や地殻変動を発生したりする，といわれている。この説をプレートテクニクスという。

	ア	イ	ウ	エ	オ	カ
①	海嶺	1000km	地殻	海溝	陸のプレート	海のプレート
②	海嶺	100km	マントル	海溝	海のプレート	陸のプレート
③	海嶺	100km	地殻	海溝	海のプレート	陸のプレート
④	海溝	1000km	マントル	海嶺	陸のプレート	海のプレート
⑤	海溝	100km	マントル	海嶺	海のプレート	陸のプレート

No.7 （解答 ▶ P.47）

古生代をあらわす示準化石は次の中のどれか。

① 三葉虫の化石

② 始祖鳥の化石

③ アンモナイトの化石

④ ナウマン象の化石

⑤ ソテツシダの化石

No.8 （解答 ▶ P.47）

火成岩は，火山岩と深成岩に分類されるが，次の組合せのうち深成岩のみを挙げたものはどれか。

① 玄武岩，センリョク岩，リュウモン岩

② ハンレイ岩，花こう岩，アンザン岩

③ ハンレイ岩，花こう岩，センリョク岩

④ リュウモン岩，アンザン岩，玄武岩

⑤ アンザン岩，センリョク岩，ハンレイ岩

No.9

（解答 ▶ P.47）

下の図は，ある地層の断面図のスケッチである。図中の地層A ～ Hを古いものから順に並べたものとして，最も妥当なものを選べ。

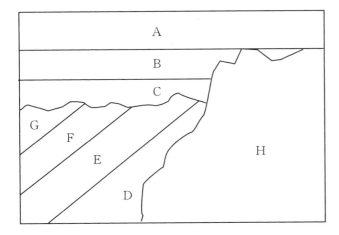

① H→D→E→F→G→C→B→A

② D→E→F→G→H→C→B→A

③ H→G→F→E→D→C→B→A

④ D→E→F→G→C→B→H→A

⑤ D→H→C→B→A→G→F→E

第4章 地殻変動・地震

No.1 （解答 ▶ P.48）

ある地点で初期微動継続時間が12秒の地震を観測した。震源までの距離は何kmか。ただしP波・S波の速度はそれぞれ5km/s，3km/sとする。

① 15km ② 30km ③ 60km ④ 90km ⑤ 120km

No.2 （解答 ▶ P.48）

地震のP波（縦波）とS波（横波）について正しく記述してあるものを選べ。

① P波の速度は地殻の方がマントルの中より速い。
② マントルの中ではS波の方がP波より速い。
③ P波は固体の中だけ通るがS波は液体の中も通る。
④ P波，S波とも密度の異なる地層境界面では反射，屈折する。
⑤ 地球の核はS波は通るが，P波は通らない。

No.3 （解答 ▶ P.48）

地震に関する次の記述のうち，正しいものはどれか。

① 震度の大きさはマグニチュードで表され，震源地での振動の強さを示した値である。
② 最も一般的な地震波としてP波とS波がある。先に伝播するのはP波で，少し遅れてS波が伝わる。
③ 観測点での地震の揺れの大きさを示す震度は，日本では気象庁が定めた震度階級が使われている。これは震度0から震度7までの8段階に分けられている。
④ 観測点での震度階級が1増えると，地震の規模を示すエネルギーは約30倍以上になる。
⑤ 日本近辺において，地震の大きな原因となるプレートは4つある。太平洋プレートやフィリピン海プレートなどの海洋プレートが，ユーラシアプレートなどの大陸プレートの下に沈み込んでおり，震源の深さは日本列島の太平洋側に近づくにしたがって深くなる。

（解答 ▶ P.48）

下の図は，走時曲線の解析によって得られたP波とS波の速度分布を示したものである。下記文中のA～Eに入る語句の組合せで正しいものはどれか。

点線部分で速度が急激に変化したり，S波のように伝播しなくなることがわかる。これは波特有の現象で，媒質の（ A ）が異なる波の速度が変化したり，屈折したりする現象である。a点は（ B ）と呼ばれ，地殻と（ C ）の境界にあたる。また，b点は（ C ）と外核の境界にあたり，（ D ）とよばれる。S波が伝播していないことから，外核は（ E ）の状態と考えられている。c点は外核と内核の境界である。

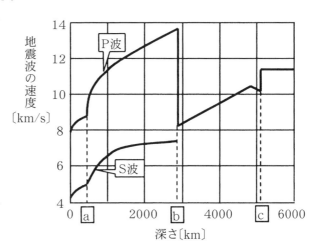

	A	B	C	D	E
①	密度	モホロビチッチ不連続面	マントル	グーテンベルグ不連続面	液体
②	地層の厚さ	モホロビチッチ不連続面	マントル	グーテンベルグ不連続面	気体
③	密度	グーテンベルグ不連続面	マントル	モホロビチッチ不連続面	液体
④	地層の厚さ	グーテンベルグ不連続面	核	モホロビチッチ不連続面	気体
⑤	密度	モホロビチッチ不連続面	核	グーテンベルグ不連続面	気体

下の図は，ある地震の地震計の記録である。これについて述べた次の記述の空欄に当てはまる語句の組合せとして，最も妥当なものはどれか。

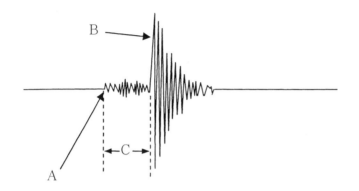

　地震計は地震動の記録を得ることができる。地震波にはいくつかの種類があるが，上の記録からもわかるように最も一般的には2種類ある。

　地震計の記録では，先に到達したのは（　ア　）であることがわかる。（　ア　）は（　イ　）とよばれ，粗密波であるため波形が小さい。後から到達したのは（　ウ　）で（　エ　）と呼ばれる。（　エ　）は横波で，よじれの状態が伝わるため波形が大きくなる。

　AとBの到達時間の差Cのことを（　オ　）という。（　オ　）と地震波の速度から，震源距離を求めることができる。

	ア	イ	ウ	エ	オ
①	B	P波	A	S波	初期微動継続時間
②	B	S波	A	P波	マグニチュード
③	A	P波	B	S波	マグニチュード
④	A	S波	B	P波	初期微動継続時間
⑤	A	P波	B	S波	初期微動継続時間

No.6

（解答 ▶ P.48）

次の文章の空欄に当てはまる語句の組合せとして，最も妥当なものはどれか。

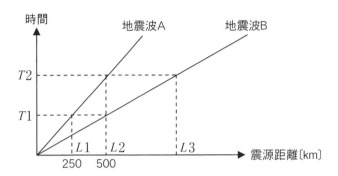

　上のグラフはある地震の際の，地震波の到達速度に関するものである。横軸に震源距離，縦軸に地震波が届くまでの時間をとっている。グラフより，地震波Aは（　ア　），地震波Bは（　イ　）である。ある地点においてP波が到達してからS波が到達するまでの時間を初期微動継続時間とよぶ。このとき，震源から500kmの地点における初期微動継続時間は（　ウ　）で表される。

	ア	イ	ウ
①	S波	P波	$L2 - L1$
②	S波	P波	$T1 - T2$
③	S波	P波	$T2 - T1$
④	P波	S波	$T2 - T1$
⑤	P波	S波	$L2 - L1$

第5章 地球と星の運動

No.1 （解答 ▶ P.49）

惑星に関する次の記述で正しいものはどれか。

① 各惑星は太陽を中心に円軌道を描く。

② 内惑星の公転周期は地球の公転周期よりも長い。

③ 惑星の公転方向は太陽の自転方向と一致する。

④ 木星型惑星より地球型惑星のほうが自転周期は短い。

⑤ 惑星の公転速度は近日点より遠日点のほうが速い。

No.2 （解答 ▶ P.49）

地球の自転によって生じる現象はどれか。

① 星座の位置が日々変化する。

② 北の空の星は北極星を中心に反時計回りに移動して見える。

③ 月がいつも同じ面を地球に向けている。

④ 日の出と日の入りの方向が日によって少しずつ変化する。

⑤ 日本ではまったく見ることのできない星が出る。

No.3

(解答 ▶ P.49)

図は金星の軌道を示している。地球が図の位置にあるとして，下記の（ア）〜（ウ）の答として正しいものはどれか。

（ア）明けの明星として見える

（イ）宵の明星として見える

（ウ）内合の位置

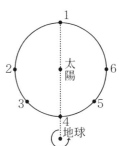

	（ア）	（イ）	（ウ）
①	5	3	4
②	3	5	4
③	5	3	1
④	2	6	1
⑤	6	2	4

No.4

(解答 ▶ P.49)

日食と月食が起こり得る場合の地球と太陽と月の位置関係A 〜 Dの組合せとして正しいのはどれか。

A 太陽—月—地球   B 太陽—地球—月   C 月／太陽—地球   D 月—太陽—地球

	日食	月食
①	A	B
②	A	D
③	B	A
④	B	C
⑤	C	D

（解答 ▶ P.49）

次の文のア～ウに入る語句の正しい組合せのものはどれか。

　月の表面は地球に対し同じ面を向けている。これは月が地球のまわりを1回（　ア　）する間に月自身が（　イ　）するためである。

　この事実を月面上から地球を見た場合，地球が満月のように全体が輝いているならば，これを地球から見れば月は（　ウ　）のときである。

	ア	イ	ウ
①	公転	1回自転	満月
②	公転	0.5回自転	新月
③	自転	2回公転	満月
④	公転	1回自転	新月
⑤	自転	1回公転	満月

（解答 ▶ P.49）

日食と月食について次に述べている内容で誤っているものはどれか。

① 日食は新月のときにおこる。
② 月食は満月のときにおこる。
③ 日食には部分日食，皆既日食，金環食がある。
④ 月食には部分月食，皆既月食，金環食がある。
⑤ 日食は白道と黄道との交点付近で新月になるとおこる。

（解答 ▶ P.49）

次の記述のうち，正しいものはどれか。

① 地球型惑星は，木星型惑星に比べて質量も密度も大きい。
② 地球型惑星の自転周期は，木星型惑星の自転周期より長い。
③ 惑星の公転方向は，太陽の自転方向と逆である。
④ 宵の明星，明けの明星とよばれているのは，太陽に最も近い軌道上を公転している火星である。
⑤ 環を持つ惑星として知られ，惑星の中で赤道半径が最大の惑星は土星である。

No.8

内惑星の運動について述べた次の文章の空欄A～Dに当てはまる語句の組合せとして，最も妥当なものはどれか。

　地球より内側の軌道を回る水星，金星を内惑星という。内惑星が地球から見て太陽の前にあるときを（　A　），太陽の後ろ側にあるときを（　B　）という。内惑星観測の好機は最大離角のときで，（　C　）最大離角のときは夕方の西の空，（　D　）最大離角のときは明け方の東の空に見える。

	A	B	C	D
①	内合	外合	西方	東方
②	内合	外合	東方	西方
③	外合	内合	西方	東方
④	合	衝	西方	東方
⑤	衝	合	東方	西方

No.9

火星に関する記述として，最も妥当なものはどれか。

① 太陽に最も近い公転軌道上にある惑星である。
② 地球の公転軌道のすぐ内側にある惑星である。
③ 地球に最も近い軌道を公転している外惑星で，望遠鏡で観測すると，赤みを帯びたオレンジ色の部分と緑がかった部分が見られる。極には白く輝いて見える極冠がある。
④ 大気の主成分は水素と窒素であり，密度は惑星の中で最大である。
⑤ 太陽系の中で体積が最も大きな惑星である。

次の文章は恒星の一生について述べたものである。この文章の空欄に当てはまる語句の組合せとして、最も妥当なものはどれか。

　宇宙空間には水素や一酸化炭素などの分子が密に存在している部分がある。これを星間雲という。星間雲の中でガスが収縮し（　ア　）が誕生する。（　ア　）の収縮が進み、中心部で水素の核融合が始まると（　イ　）となる。恒星は（　イ　）としての寿命が最も長い。中心部の温度が10^8Kを超えると、外層部が膨張し、（　ウ　）となる。

　恒星の最期の様子はその質量で異なる。太陽質量の8倍より軽い星は、外層部のガスを吹き飛ばして、中心部だけが（　エ　）として残る。この場合、吹き飛ばしたガスは惑星状星雲として観測される。

　太陽質量の8倍以上の恒星は、全体が吹き飛ぶような大爆発を起こす。これを（　オ　）爆発とよび、中心部には中性子星が残る。パルス状の電波を出すパルサーの正体は中性子星である。太陽質量の30倍以上の恒星では、光も外に出ることができない（　カ　）などが形成される。

	ア	イ	ウ	エ	オ	カ
①	超新星	主系列星	赤色巨星	白色巨星	星雲	ダークマター
②	原始星	赤色巨星	主系列星	白色わい星	超新星	ブラックホール
③	原始星	主系列星	青色巨星	白色巨星	星雲	ダークマター
④	原始星	主系列星	赤色巨星	白色わい星	超新星	ブラックホール
⑤	超新星	赤色巨星	青色巨星	白色わい星	星雲	ブラックホール

太陽系に属する惑星に関する記述のうち、最も妥当なものはどれか。

① 火星は氷を主体としたリングを有し、水が存在したことを推測させる河川の跡が確認されている。

② 天王星は自転軸が90°傾いておりほとんど横倒しの状態で公転している。多数の衛星と環（リング）を有している。

③ 木星の大気は酸素とヘリウムを主成分とし、大赤斑と呼ばれる巨大な大気の渦が存在する。

④ 水星の表面は月に似ている。窒素を主体とした薄い大気が確認されている。

⑤ 金星は酸素を主体とする90気圧の大気に覆われているため、温室効果が強くはたらき、表面温度が非常に高い。

No.12

（解答 ▶ P.50）

太陽に関する次の記述のうち，間違っているものはどれか。

① 太陽の構成元素は水素が約92％，次いでヘリウムがほとんどを占める。太陽エネルギーは水素原子を
ヘリウム原子に変える核融合反応である。

② 恒星としての太陽は，主系列星に分類される。

③ 地球の公転軌道が楕円であるため，太陽の見かけの大きさは7月に最も大きく見える。

④ 日食は太陽・月・地球が一直線上に並んだときに起こる。月が新月となる日の日中に，太陽面に向かっ
て右側から欠け始める。

⑤ 太陽表面に現れる黒点の移動の観測から，太陽はガスでできた天体であることがわかる。

第6章 補 足

（解答 ▶ P.50）

No.1

次は地質時代とその時代の化石の組合せである。正しいものはどれか。

① アンモナイト 　　　古生代
② フズリナ 　　　　　中生代
③ ブロントサウルス 　新生代
④ マンモスゾウ 　　　新生代
⑤ 始祖鳥 　　　　　　古生代

（解答 ▶ P.50）

No.2

潮の干満に関する記述として，正しいものはどれか。

ア 潮の干満は通常，日に1回見られる。
イ 日本は夏至のとき干満の差が最大となり，冬至のとき最小となる。
ウ 潮の干満は気圧の変化によって引き起こされる。
エ 干満の差が最大となるのは，満月のときと新月のときである。
オ 1日のうち満潮が2回，干潮が2回生じる。

① アとイ
② ウとエ
③ エとオ
④ イとエ
⑤ アとオ

No.3

（解答 ▶ P.50）

地球上の動物で最も古いといわれているのは水中動物である。それでは下記の動物で最も古いのはどれか。

① は虫類
② ほ乳類
③ 両生類
④ 鳥類
⑤ 無脊椎動物

No.4

（解答 ▶ P.50）

地球上に出現した人類の中で，最も古いといわれているのはどれか。

① クロマニヨン人
② ローデシア人
③ ネアンデルタール人
④ ピテカントロプス
⑤ アウストラロピテクス

No.5

（解答 ▶ P.50）

海流や潮についての記述で間違っているものはどれか。

① 高潮とは，大潮のときの満潮のことである。
② 暖流は，黒潮のように低緯度から高緯度に向かって流れる海流のことである。
③ 地震によって，海底が隆起したり陥没したりすることによって生じる波を津波という。
④ 風の影響を直接受けている波を風浪という。
⑤ 月の引力や太陽の引力，地球の公転によって生じる遠心力によって海面が昇降する現象を潮汐といい，1日に満潮と干潮が2回ずつ生じるのが普通である。

火山について述べた記述のうち，正しいものをすべて選んだ組合せとして，最も妥当なものはどれか。

ア　二酸化ケイ素SiO_2の割合が多いマグマは粘性が低いため流れやすく，多量の溶岩が流出する。溶岩に含まれている気体成分は容易に大気中に逃げるため，小規模の噴火を何度も繰り返す。このような噴火の場合，傾斜のゆるい盾状火山や溶岩台地が形成される。

イ　粘性の大きいマグマは流れにくく，含まれている気体成分の分離が容易ではない。このため，次第に高圧になっていき，限界を超すと大きな爆発を起こす。火砕流が発生することや，頂上に溶岩ドームを形成することがある。

ウ　雲仙普賢岳の場合，そのマグマは中間の粘性をもっており，激しい爆発と，小規模な爆発の両方が起こる。このため，火山灰と溶岩が交互に重なった成層火山が形成された。

エ　成層火山などの頂上が大規模に陥没してできた地形をカルデラという。カルデラ形成の後，中央部に新しい噴火が起こって二重式の火山になることもある。阿蘇カルデラは世界最大級のカルデラである。十和田湖や摩周湖は，カルデラに水がたまってできたカルデラ湖である。

オ　地球上の火山のうち約70％は，環太平洋造山帯と呼ばれるプレートの拡大境界に分布している。それ以外はプレートの沈み込み境界である中央海嶺や東アフリカ地溝帯に分布している。ハワイはどちらにも分類されず，マントルから直接熱を供給されているホットスポットとよばれる。

① ア，エ
② ア，エ，オ
③ イ，エ
④ イ，エ，オ
⑤ エ，オ

No.7   （解答▸P.51）

地球上の物体にはたらく重力は地球の万有引力と，地球の自転による遠心力の合力である。この重力についての記述のうち，正しいものはどれか。

① 地球上の物体にはたらく万有引力と遠心力の大きさは同じなので，重力の大きさは地球上のどの位置でも同じである。

② 中緯度地方の重力が最も大きくなる。

③ 赤道地点では，遠心力が最大となるため地球上の重力は最大となる。

④ 北極点，南極点では遠心力がゼロとなり，また赤道半径より極半径が短いため重力は最大となる。

⑤ 北極点，南極点では遠心力がはたらかないため，重力は最小となる。

公務員試験

_{ち ほうしょきゅう} _{こっ か いっぱんしょく} _{こうそつしゃ} _{もんだいしゅう} _{し ぜん か がく} _{だい} _{はん}
地方初級・国家一般職（高卒者） 問題集 自然科学 第4版

2013年3月1日　初　版　第1刷発行
2024年2月15日　第4版　第1刷発行

編　著　者　　Ｔ　Ａ　Ｃ　株　式　会　社
　　　　　　　　　　　（出版事業部編集部）
発　行　者　　多　　田　　敏　　男
発　行　所　　ＴＡＣ株式会社　出版事業部
　　　　　　　　　　　　　（ＴＡＣ出版）

〒101-8383
東京都千代田区神田三崎町3-2-18
電話 03 (5276) 9492 （営業）
FAX 03 (5276) 9674
https://shuppan.tac-school.co.jp/

印　　　刷　　株式会社　ワ　　コ　ー
製　　　本　　東京美術紙工協業組合

© TAC 2024　　　Printed in Japan　　　ISBN 978-4-300-11060-7
N.D.C. 317

本書は、「著作権法」によって、著作権等の権利が保護されている著作物です。本書の全部または一部につき、無断で転載、複写されると、著作権等の権利侵害となります。上記のような使い方をされる場合、および本書を使用して講義・セミナー等を実施する場合には、小社宛許諾を求めてください。

乱丁・落丁による交換，および正誤のお問合せ対応は，該当書籍の改訂版刊行月末日までといたします。なお，交換につきましては，書籍の在庫状況等により，お受けできない場合もございます。
また，各種本試験の実施の延期，中止を理由とした本書の返品はお受けいたしません。返金もいたしかねますので，あらかじめご了承くださいますようお願い申し上げます。

TAC出版 書籍のご案内

TAC出版では、資格の学校TAC各講座の定評ある執筆陣による資格試験の参考書をはじめ、資格取得者の開業法や仕事術、実務書、ビジネス書、一般書などを発行しています!

TAC出版の書籍

*一部書籍は、早稲田経営出版のブランドにて刊行しております。

資格・検定試験の受験対策書籍

- ◎日商簿記検定
- ◎建設業経理士
- ◎全経簿記上級
- ◎税　理　士
- ◎公認会計士
- ◎社会保険労務士
- ◎中小企業診断士
- ◎証券アナリスト

- ◎ファイナンシャルプランナー(FP)
- ◎証券外務員
- ◎貸金業務取扱主任者
- ◎不動産鑑定士
- ◎宅地建物取引士
- ◎賃貸不動産経営管理士
- ◎マンション管理士
- ◎管理業務主任者

- ◎司法書士
- ◎行政書士
- ◎司法試験
- ◎弁理士
- ◎公務員試験(大卒程度・高卒者)
- ◎情報処理試験
- ◎介護福祉士
- ◎ケアマネジャー
- ◎社会福祉士　ほか

実務書・ビジネス書

- ◎会計実務、税法、税務、経理
- ◎総務、労務、人事
- ◎ビジネススキル、マナー、就職、自己啓発
- ◎資格取得者の開業法、仕事術、営業術
- ◎翻訳ビジネス書

一般書・エンタメ書

- ◎ファッション
- ◎エッセイ、レシピ
- ◎スポーツ
- ◎旅行ガイド (おとな旅プレミアム/ハルカナ)
- ◎翻訳小説

TAC出版

(2021年7月現在)

書籍のご購入は

1 全国の書店、大学生協、ネット書店で

2 TAC各校の書籍コーナーで

資格の学校TACの校舎は全国に展開！
校舎のご確認はホームページにて

資格の学校TAC ホームページ
https://www.tac-school.co.jp

3 TAC出版書籍販売サイトで

CYBER TAC出版書籍販売サイト
BOOK STORE

24時間
ご注文
受付中

TAC 出版　で　検索

https://bookstore.tac-school.co.jp/

新刊情報を
いち早くチェック！

たっぷり読める
立ち読み機能

学習お役立ちの
特設ページも充実！

TAC出版書籍販売サイト「サイバーブックストア」では、TAC出版および早稲田経営出版から刊行されている、すべての最新書籍をお取り扱いしています。
また、無料の会員登録をしていただくことで、会員様限定キャンペーンのほか、送料無料サービス、メールマガジン配信サービス、マイページのご利用など、うれしい特典がたくさん受けられます。

サイバーブックストア会員は、特典がいっぱい！（一部抜粋）

通常、1万円（税込）未満のご注文につきましては、送料・手数料として500円（全国一律・税込）頂戴しておりますが、1冊から無料となります。

専用の「マイページ」は、「購入履歴・配送状況の確認」のほか、「ほしいものリスト」や「マイフォルダ」など、便利な機能が満載です。

メールマガジンでは、キャンペーンやおすすめ書籍、新刊情報のほか、「電子ブック版TACNEWS（ダイジェスト版）」をお届けします。

書籍の発売を、販売開始当日にメールにてお知らせします。これなら買い忘れの心配もありません。

書籍の正誤に関するご確認とお問合せについて

書籍の記載内容に誤りではないかと思われる箇所がございましたら、以下の手順にてご確認とお問合せをしてくださいますよう、お願い申し上げます。

なお、正誤のお問合せ以外の**書籍内容に関する解説および受験指導などは、一切行っておりません。**
そのようなお問合せにつきましては、お答えいたしかねますので、あらかじめご了承ください。

1 「Cyber Book Store」にて正誤表を確認する

TAC出版書籍販売サイト「Cyber Book Store」の
トップページ内「正誤表」コーナーにて、正誤表をご確認ください。

CYBER TAC出版書籍販売サイト
BOOK STORE

URL：https://bookstore.tac-school.co.jp/

2 **1**の正誤表がない、あるいは正誤表に該当箇所の記載がない ⇒ 下記①、②のどちらかの方法で文書にて問合せをする

★ご注意ください★

お電話でのお問合せは、お受けいたしません。
①、②のどちらの方法でも、お問合せの際には、「お名前」とともに、
「対象の書籍名（○級・第○回対策も含む）およびその版数（第○版・○○年度版など）」
「お問合せ該当箇所の頁数と行数」
「誤りと思われる記載」
「正しいとお考えになる記載とその根拠」
を明記してください。
なお、回答までに１週間前後を要する場合もございます。あらかじめご了承ください。

① ウェブページ「Cyber Book Store」内の「お問合せフォーム」より問合せをする

【お問合せフォームアドレス】

https://bookstore.tac-school.co.jp/inquiry/

② メールにより問合せをする

【メール宛先　TAC出版】

syuppan-h@tac-school.co.jp

※土日祝日はお問合せ対応をおこなっておりません。
※正誤のお問合せ対応は、該当書籍の改訂版刊行月末日までといたします。

乱丁・落丁による交換は、該当書籍の改訂版刊行月末日までといたします。なお、書籍の在庫状況等により、お受けできない場合もございます。
また、各種本試験の実施の延期、中止を理由とした本書の返品はお受けいたしません。返金もいたしかねますので、あらかじめご了承くださいますようお願い申し上げます。

TACにおける個人情報の取り扱いについて
■お預かりした個人情報は、TAC（株）で管理させていただき、お問合せへの対応、当社の記録保管にのみ利用いたします。お客様の同意なしに業務委託先以外の第三者に開示、提供することはございません（法令等により開示を求められた場合を除く）。その他、個人情報保護管理者、お預かりした個人情報の開示等及びTAC（株）への個人情報の提供の任意性については、当社ホームページ（https://www.tac-school.co.jp）をご覧いただくか、個人情報に関するお問い合わせ窓口（E-mail:privacy@tac-school.co.jp）までお問合せください。

（2022年7月現在）

〈冊子ご利用時の注意〉

　以下の「解答・解説冊子」は、この色紙を残
したままていねいに抜き取り、ご使用ください。

　また、抜き取りの際の損傷についてのお取替
えはご遠慮願います。

解答・解説

自然科学

Natural science

TAC出版編集部編

問題集

TAC出版
TAC PUBLISHING Group

‖目‖次‖

第１編　物理

第1＋2章　力と運動

No.1

ひもの張力＝Tとする。

$ma = T - mg$ より

$$\therefore T = m(a+g)$$
$$= 0.5(1.2 + 9.8)$$
$$= 0.5 \times 11 = 5.5〔\text{N}〕$$

答　③

No.2

モーメント（回転力）

$\therefore a \times W$

$= (a+b) \times F_1$

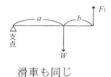

滑車も同じ

定滑車，動滑車の支点の位置より
確認すること

$$30〔\text{cm}〕 \times 10〔\text{kg}〕$$
$$= 50〔\text{cm}〕 \times F_1$$

$$\therefore F_1 = \frac{30 \times 10}{50}$$
$$= 6〔\text{kg}〕$$

$$F_2 = F_1 \times \frac{1}{2}$$
$$= 3〔\text{kg}〕$$

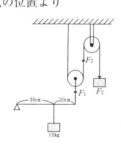

答　③

No.3

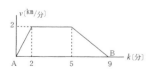

$$A \sim B間 = (3+9) \times 2 \times \frac{1}{2}$$
$$= 12〔\text{km}〕$$

答　⑤

No.4

水平投射の場合，落下速度は自由落下の場合と同じである。

答　③

No.5

つり合いの関係にあるのは，同一物体に作用して大きさが等しく逆向きの力である。

答　②

No.6

$x = v_0 t + \dfrac{1}{2}at^2$ より　　$360 = 0 + \dfrac{1}{2}a \times 30^2$

$$\therefore a = \frac{2 \times 360}{30^2} = 0.8〔\text{m/s}^2〕$$

$\therefore v = at$ に代入　　$60 = 0.8t$

$$\therefore t = \frac{60}{0.8} = 75〔\text{s}〕$$

答　③

No.7

$v^2 - v_0{}^2 = 2gs$

$v_0 = $ 初速　　$v = $ 到着寸前の速さ

$s = $ 距離

$g = $ 重力加速度

$\therefore v^2 - v_0{}^2 = 2 \times 10 \times 500$

$\therefore v^2 = 10000$　　$\therefore v = 100〔\text{m/s}〕$

答　③

No.8

①ニュートンの第2法則（運動の法則）

物体にはたらいたとき生じる加速度の向きは力の向きと同じで，加速度の大きさは力に比例し物体の質量に反比例する。

⑤力学的エネルギー保存の法則

物体がもつ運動エネルギー（$\frac{1}{2}mv^2$）と位置エネルギー（mgh）の和を力学的エネルギーという。

保存力による物体の運動では力学的エネルギーは一定に保たれる。

答　①

No.9

運動エネルギーの単位は「J」である。

答　②

No.10

$v = \sqrt{4^2 + 3^2}$
　　$= \sqrt{25}$
　　$= 5$〔m/s〕

答　⑤

No.11

運動量保存の法則＝外力がはたらかないとき，衝突前後における2物体の運動量の和は一定に保たれる。

$\therefore M \times V + m \times v = M \times V' + m \times v'$

この場合，最初は人もボートも静止状態。

∴両者の速さは0m/sである。

100〔kg〕$\times 0$〔m/s〕$+ 60$〔kg〕$\times 0$〔m/s〕
$= 100$〔kg〕$\times v' + 60$〔kg〕$\times 1.5$〔m/s〕

$\therefore v' = \frac{-60 \times 1.5}{100} = -0.9$〔m/s〕

ボートは人の運動の反対方向に0.9m/sの速さで進む。

答　①

No.12

落下だけを考えればよい。

自然落下の公式は

$H = \frac{1}{2}gt^2$

$\therefore 80 = \frac{1}{2} \times 9.8 \times t^2$

　$t^2 = 16.3$

　$t \fallingdotseq 4$

答　③

No.13

花火の速度をv，初速をv_0，重力加速度をg，高さをhとすると鉛直投げ上げ運動なので

$v^2 - v_0^2 = -2gh$

花火の最高点ではこの式に

$v = 0$　　$v_0 = 19.6$　　$2g = 19.6$

を代入して

$h = \frac{-v_0^2}{-2g} = 19.6$〔m〕

答　②

No.14

空気抵抗を無視すれば重力加速度の影響は体積，重量に関係なく同じである。

答　①

No.15

衝突した高さをhmとしてt秒後とすると落下距離は

$100 - h = \frac{1}{2} \times 9.8 \times t^2 \cdots (1)$

投げ上げた距離は

$h = 25t - \frac{1}{2} \times 9.8 \times t^2 \cdots (2)$

(1)と(2)より　　$100 = 25t$　　$\therefore t = 4$〔s〕

$\therefore h = 25 \times 4 - \frac{1}{2} \times 9.8 \times 4^2$
　　　$= 21.6$〔m〕

答　①

No.16

$$10 \times \frac{30}{5} = 60 \text{〔kg〕}$$

答　④

No.17

鉄棒の重さは0と考える。OCの長さをxとし,

$$x \times 1000 = (1-x) \times 1500$$
$$1000x = 1500 - 1500x$$
$$2500x = 1500$$
$$x = 0.6 \text{〔m〕}$$

答　④

No.18

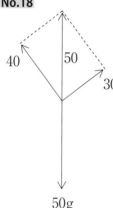

左右の滑車による張力を合成する。その合力とつり合うのがAgとなる。それぞれのベクトルがつくる三角形の比が3：4：5であるので,Aは50gとなる。

答　②

No.19

糸の張力をT, エレベーターの加速度をa, 重力加速度gを9.8, 質量をmとすると

$T - mg = ma$となる。

$$\therefore T = ma + mg = 10 \times 2 + 10 \times 9.8$$
$$= 10 \times 11.8 = 118 \text{〔N〕}$$

答　④

No.20

滑り落ちる力と引っ張る力が等しいとすればよい。

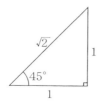

Aの重さ $\times \sin 45° = 500 \text{kg}$

Aの重さ $\times \dfrac{1}{\sqrt{2}} = 500$

$$\therefore \text{Aの重さ} = 500 \times \sqrt{2}$$
$$\fallingdotseq 707 \text{〔kg〕}$$

答　⑤

No.21

重力加速度gのとき, 自由落下の速度は

$y = \dfrac{1}{2}gt^2$ で表される。重力加速度が大きいほ

ど速く落下するためAにはモスクワが入る。また, 水平に投げられたボールは引力により下向きの加速度gを受け, 秒当たりgだけ速度が減る。このため, 重力加速度が小さい方が, 飛距離が伸びるため, Bには東京が入る。よってCには大きい, Dには小さいが入る。

答　③

No.22

直線コースで, 川を横断するには30°の角度で行けばよい。

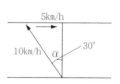

答　②

No.23

自由落下の公式

落下距離　$y = \dfrac{1}{2}gt^2$

代入して,

$$20 = \frac{1}{2} \times 9.8 \times t^2$$
$$t^2 \fallingdotseq 4.08$$
$$t \fallingdotseq 2.0 \text{〔秒〕}$$

答　③

No.24

$$17.4 = 15 + 5a$$
$$5a = 2.4$$
$$a = 0.48 \text{〔m/s}^2\text{〕}$$

答　②

No.25

物体が液体に浮いているとき,
物体が押しのけた水の質量＝物体の質量
となる。
物体が押しのけた水の体積は, 水の中に入っている物体の体積と等しい。
よって,
$50 [\mathrm{cm}^2] \times 4 [\mathrm{cm}] \times 1 [\mathrm{g/cm^3}] = 200 [\mathrm{g}]$

答　③

No.26

$8 : 6 = 40 : x$

$x = 30 [\mathrm{m}]$

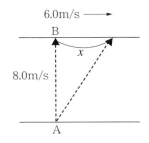

答　③

No.27

張力(引き上げる力)＝$T = 60\mathrm{N}$
重力＝$mg = 5 \times 9.8 = 49 [\mathrm{N}]$ となる。

張力と重力の差
$F = T - N = 60 - 49 = 11 [\mathrm{N}]$
によって物体は運動しているので,
運動方程式
$F = ma$（a＝加速度）より,
$11 = 5.0 \times a$

$a = 2.2 [\mathrm{m/s^2}]$

答　③

No.28

初速度v_0, 加速度a, 時間tとする。

$45\mathrm{km/h} = \dfrac{45}{60 \times 60}\ \mathrm{km/s} = 12.5\mathrm{m/s}$

$v = v_0 + at$ より,

$0 = 12.5 + a \times 4$

$4a = -12.5$

$a = -3.125 [\mathrm{m/s^2}]$

移動距離をxとすると,

$x = v_0 t + \dfrac{1}{2}at^2$ より,

$x = 12.5 \times 4 + \dfrac{1}{2}(-3.125) \times 4^2$

$\quad = 25 [\mathrm{m}]$

答　⑤

No.29

2つのボールが衝突するとき, 鉛直方向の変位が等しくなる。衝突した時間をt秒後とすると,
(ボールAの変位)＝(ボールBの変位)

$270 - \dfrac{1}{2} \times 9.8 \times t^2 =$

$\qquad\qquad 4\sqrt{3} \times \dfrac{\sqrt{3}}{2} \times t - \dfrac{1}{2} \times 9.8 \times t^2$

これより, $t = 45$ 〔秒後〕
崖までの距離は, ボールAとボールBの水平方向の変位の和に等しくなるから,
(ボールAの変位)＋(ボールBの変位)

$= 4\sqrt{3} \times 45 + \dfrac{1}{2} \times 4\sqrt{3} \times 45$

$= 6\sqrt{3} \times 45$

$= 270\sqrt{3}$

$\fallingdotseq 467.1 [\mathrm{m}]$

答　②

No.30

電車の進行方向にボールが転がるのは, 電車が減速したとき。よって, 右下がりのグラフになるEFとIJの区間。

答　⑤

No.31

最高点に達したとき，小球の速さは0m/sになる。

垂直投げ上げ運動の場合，初速v_0，重力加速度g，変位y，変位yのときの速度vとすると，小球Aについて，

$$0-(19.6)^2=-2\times9.8\times y$$
$$y=19.6〔m〕$$

小球Bについて

$$0-(9.8)^2=-2\times9.8\times y$$
$$y=4.9〔m〕$$

よって2球の最高点の距離の差は，

$$19.6-4.9=14.7〔m〕$$

答　③

No.32

1つの物体に2つ以上の力がはたらくとき，その2力の大きさが等しく，向きが反対で，同一作用線上にあるとき，その2力はつり合っている。

力がつり合っているとき，その物体は静止したままか，運動し続ける。

この場合，荷物にはたらいているF_2とF_3がつり合いの関係にある。

答　④

No.33

水5kg分の体積＝液体A4kg分の体積となるので，液体Aの密度は，水の$\frac{4}{5}$倍。

よって，$1.0\times\frac{4}{5}=0.8〔g/cm^3〕$

答　①

No.34

AくんとBくんの力を合成すると，図のようになる。よって答えはイ。

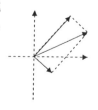

答　②

No.35

水平投射の場合，水平方向は等速直線運動，鉛直方向は自由落下運動になる。

ア：水平方向の距離は初速が大きい小球Bのほうが遠くなる。誤り。

イ：鉛直方向の運動は初速に関係せず，自由落下運動となるので同じになる。正しい。

ウ：水平方向は等速直線運動なので，加速も減速もしない。誤り。

答　③

No.36

あわせて40cm伸びたので，それぞれ20cmずつ伸びたことがわかる。

よって，
$$24〔kg〕:30〔cm〕=x〔kg〕:20〔cm〕$$
$$x=16〔kg〕$$

答　②

No.37

おもりA，Bには張力Tがはたらく。おもりAは鉛直上向きに，おもりBは鉛直下向きに運動するので，

Aの運動方程式：$T-(重力)=ma$
$$T-2g=2a$$

Bの運動方程式：$(重力)-T=ma$
$$4g-T=4a$$

2式からTを消去すると，
$$4g-(2a+2g)=4a$$
$$6a=2g$$
$$a=\frac{1}{3}g$$
$$a=\frac{1}{3}\times9.8$$

よって，3.3m/s^2

答　③

No.38

小球が塀の位置に到達する時刻をt〔秒〕とすると，小球の水平方向の変位xは，

$$x = v_0\cos\theta \times t = \frac{v_0}{\sqrt{2}} \times t$$

塀は18m離れたところにあるので，

$$18 = \frac{v_0}{\sqrt{2}} \times t$$

$$t = \frac{18\sqrt{2}}{v_0}$$

鉛直方向について，変位y〔m〕とすると，

$$y = v_0\sin\theta \times t - \frac{1}{2}gt^2$$

塀の高さより高い位置にあればよいので，

$$17.8 < v_0\sin\theta \times t - \frac{1}{2}gt^2$$

$$17.8 < \frac{v_0}{\sqrt{2}} \times t - \frac{1}{2}gt^2$$

$t = \dfrac{18\sqrt{2}}{v_0}$を代入して，

$$17.8 < \frac{v_0}{\sqrt{2}} \times \frac{18\sqrt{2}}{v_0} - \frac{1}{2} \times 9.8 \times \left(\frac{18\sqrt{2}}{v_0}\right)^2$$

$$17.8 < 18 - \frac{4.9 \times 18 \times 18 \times 2}{v_0^2}$$

$$0.2v_0^2 > 4.9 \times 18 \times 18 \times 2$$

$$v_0^2 > 49 \times 18 \times 18$$

$v_0 > 0$より，

$$v_0 > 126\,〔\text{m/s}〕$$

答　④

No.39

おもりにはたらく重力の大きさは，
重力W＝質量m×重力加速度g
$\qquad = 0.5〔\text{kg}〕 \times 9.8〔\text{m/s}^2〕$
$\qquad = 4.9〔\text{N}〕$

天井とひものなす角が45°のとき，バネを引っ張る力は重力と等しくなる。
バネを引っ張る力F＝バネ定数k×バネの伸びx〔m〕
$4.9〔\text{N}〕 = 70〔\text{N/m}〕 \times x〔\text{m}〕$
$\qquad x = 0.07〔\text{m}〕$
$\qquad\quad = 7〔\text{cm}〕$

答　④

No.40

加える力と，その物体の運動の関係は「運動方程式」で表される。

$$ma = F \cdots(1)$$

(F：加える力，m：物体の質量，a：物体の加速度)

これより，加速度が与えられるので，物体の運動の速さvは，

$$v = at \cdots(2)$$

で表される。

①(1)(2)式より，aを消去すると，

$$v = \frac{F}{m} \times t$$

$$t = v \times \frac{m}{F}$$

となり，時間tは質量mに比例する。正しい。

②力を加え続けると加速度が生じる。すなわち，物体の運動は加速していくので，速さは一定でない。誤り。

③力を加えるのをやめると加速度が生じないので，等速運動する。すなわち，動いていた物体はその運動を続ける。誤り。

④①で得られた式，

$$t = v \times \frac{m}{F}$$

より，時間tは加える力Fに反比例する。誤り。

⑤運動の速さの変化とは「加速度」のこと。加速度の大きさは時間とは関係なく，加える力Fに比例し，物体の質量mに反比例する。誤り。

答　①

No.41

自動車の動きをベクトルで図示すると右のようになる。

自動車Aの速度をVa，Aから見た自動車Bの速度をVbaとすると，

$$Va : Vba = 40\sqrt{2} : 80$$
$$= 1 : \sqrt{2}$$

作図上直角2等辺三角形になるので，Bの速さはAと等しく向きは南向きになる。

よって，南へ$40\sqrt{2}$〔km/h〕

答　⑤

No.42

動滑車は，ひもにかかる力が半分になる。右の図の場合，
$2T =$（滑車にはたらく重力）
$+$（おもりにはたらく重力）
となる。

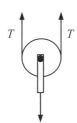

これより，

図1：$\dfrac{W_B + F}{2} = W_A$

図2：$\dfrac{1}{2}\left\{\dfrac{W_C + F}{2} + F\right\} = W_A$

$$\dfrac{W_C + 3F}{4} = W_A$$

W_Aを消去して整理すると，
$2W_B = W_C + F$

答　②

No.43

t秒後に衝突したとする。

小球Aについて，$y_A = \dfrac{1}{2}gt^2$

小球Bについて，$y_B = v_0 t - \dfrac{1}{2}gt^2$

衝突したとき，$y_A + y_B = 260$〔m〕となるから，

$$\dfrac{1}{2}gt^2 + v_0 t - \dfrac{1}{2}gt^2 = 260$$

$$v_0 t = 260$$

$$6.5t = 260$$

$$t = 40〔秒後〕$$

答　①

No.44

仕事〔J〕＝力〔N〕×移動距離〔m〕

ただし力は，移動した向きと同じ成分だけを考える。

①2〔N〕×0.5〔m〕＝1〔J〕

②0.5〔N〕×4×0.5〔m〕＝1〔J〕

③0.4〔N〕×2.5〔m〕＝1〔J〕

④0.5〔N〕×2.5〔m〕＝1.25〔J〕

⑤0.8〔N〕×1.25〔m〕＝1〔J〕

答　④

No.45

小球Aを自由落下させてからt秒後に追いついたとする。

小球Aについて，

$$y_A = \dfrac{1}{2}gt^2$$

小球Bが落下にかかった時間は $(t-4)$秒間だから，

$$y_B = v_0(t-4) + \dfrac{1}{2}g(t-4)^2$$

$$= v_0(t-4) + \dfrac{1}{2}gt^2 - 4gt + 8g$$

追いついたとき，$y_A = y_B$となるから，

$$\dfrac{1}{2}gt^2 = v_0(t-4) + \dfrac{1}{2}gt^2 - 4gt + 8g$$

これに，$v_0 = 49$，$g = 9.8$を代入して計算すると，

$$t = 12$$

が得られる。

答　④

第3章　力と運動・エネルギー

（問題，本文21ページ）

No.1

物体は斜面上を$g\sin30°$の加速度で等加速度運動をする。したがって2秒間進んだ距離yは

$$\therefore y = \frac{1}{2} \times 9.8 \times \sin30° \times 2^2$$

$$= \frac{1}{2} \times 9.8 \times \frac{1}{2} \times 2^2 = 9.8〔m〕$$

答　②

No.2

仕事は1Nの力を作用させてその向きに1m動かす場合の仕事つまり1〔N〕×1〔m〕=1〔J〕とする。

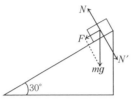

$F = mg\cos60° = mg\sin30°$

重力のする仕事W：$mg = 4〔kg〕\times 9.8〔N〕$

重力と斜面のなす角度$=60°$

移動距離$S = 20〔m〕$

$$\therefore W = mg \times S \times \cos60°$$

$$= 4 \times 9.8 \times 20 \times \frac{1}{2} = 392〔J〕$$

答　④

No.3

最高点での速さ$v = 0〔m/s〕$

初速$v_0 = 9.8〔m/s〕$

$v^2 - v_0^2 = -2gh$より

$0^2 - 9.8^2 = -2 \times 9.8 \times h$

$$\therefore h = \frac{9.8^2}{2 \times 9.8} = 4.9〔m〕$$

位置エネルギー　$H = mgh = 0.1 \times 9.8 \times 4.9$

$$= 4.802〔J〕$$

答　①

No.4

加速度をaとすると

$a = g\sin\theta$であるから

$$a = \frac{1}{2}g$$

$$= 4.9〔m/s^2〕$$

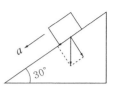

物体の重さは関係がない。

答　②

No.5

熱量＝比熱×質量×温度変化

一定になったときの温度を$t〔℃〕$とすると，

(1)20℃の容器と水が得た熱量

$$Q = 33.6(t-20) + 4.2 \times 40(t-20)$$

$$= 201.6t - 4032$$

(2)60℃の水が失った熱量

$$Q = 4.2 \times 32 \times (60-t) = 8064 - 134.4t$$

熱量保存の法則より，

(1)=(2)であるから，

$$201.6t - 4032 = 8064 - 134.4t$$

これより，$t = 36〔℃〕$

答　②

No.6

①　絶対温度の単位はK（ケルビン）。

答　①

No.7

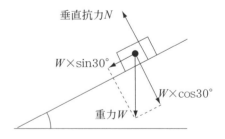

垂直抗力は，物体が斜面を押す力と等しくなる。

物体が斜面を押す力は，重力の斜面に垂直方向の分力。

すなわち，$W\times\cos30°$

重力W＝質量×重力加速度

$$= 6.0 \times 9.8$$

$$= 58.8 (N)$$

垂直抗力 $= W \times \cos 30°$

$$= 58.8 \times \frac{\sqrt{3}}{2}$$

$$\fallingdotseq 50.9 (N)$$

答　④

No.8

5kgの物体の受ける重力

$$= m \times g$$

$$= 5.0 \times 9.8 = 49 (N)$$

滑り落ちる力 $F = mg \times \sin\theta$

$$= 49 \times \frac{1}{2} = 24.5 (N)$$

答　③

No.9

運動量 (mv) 保存の法則

衝突前の運動量の和＝衝突後の運動量の和

	A	B		A	B
質量	80g	60g	衝突	80g	60g
速さ	v	0	→	25cm/s	60cm/s

$$80v + 60 \times 0 = 80 \times 25 + 60 \times 60$$

$$\therefore \quad v = \frac{80 \times 25 + 60 \times 60}{80} = 70 (cm/s)$$

答　③

No.10

糸の張力を T，Bの
質量を m とすれば，

$$T = 10g\sin 30°$$

$$= mg\sin 60°$$

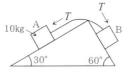

$$m = \frac{10g\sin 30°}{g\sin 60°}$$

$$\therefore m = \frac{10 \times \dfrac{1}{2}}{\dfrac{\sqrt{3}}{2}} = \frac{10}{\sqrt{3}} = 5.77$$

答　②

No.11

右向きを正とする。

	衝突前	衝突後
小球A	$m_A = 2.0$ (kg)	$m_A = 2.0$ (kg)
	$v_A = 9.0$ (m/s)	$v_A' = x$ (m/s)
小球B	$m_B = 4.0$ (kg)	$m_B = 4.0$ (kg)
	$v_B = 0$	$v_B' = 6.5$ (m/s)

運動量保存の法則より，

$$m_A \times v_A + m_B \times v_B = m_A \times v_A' + m_B \times v_B'$$

$$2 \times 9 + 4 \times 0 = 2 \times x + 4 \times 6.5$$

$$2x = 18 - 26$$

$$x = -4 (m/s)$$

符号がマイナスなので，左向きの運動。

答　④

No.12

水に与えた熱量は

$$4.2 \times (25 - 10) \times 100 = 6300 (J)$$

物質の失った熱量は（物質の比熱を x とすると）

$$x \times 10 \times (200 - 25)$$

で両者は等しいので

$$x \times 10 \times 175 = 6300$$

$$1750x = 6300$$

$$x = \frac{6300}{1750}$$

$$= 3.6 (J/g \cdot K)$$

答　③

No.13

最大摩擦力＝静止摩擦係数×垂直抗力 N

水平な台に置いてあるから

$$N = 重力 = 0.1 \times 9.8 = 0.98 (N)$$

$$\therefore 最大摩擦力 = 0.5 \times 0.98 = 0.49 (N)$$

答　③

第4章　波動

（問題，本文26ページ）

No.1

光の波長と同程度の大きさの粒子に光が当たると，その波長のものはあらゆる方向へ反射される。これを散乱という。

空気中のN_2分子，O_2分子に太陽光線の青系の波長のものがぶつかって反射するため空は青く見える。

② 分散　③ 干渉　④ 分散　⑤ 屈折

答　①

No.2

ドップラー効果に関する問題。

音速$= V$，パトカーの速度$= v$，サイレンの振動数$= f_0$，波長$= \lambda_0$，ヒトの聞く音の振動数$= f$，波長λとすると，

近づいてくるとき

$$\lambda = \frac{V - v}{f}, \quad f_0 = \frac{V}{\lambda_0}$$

$$\lambda = \lambda_0 \left(1 - \frac{v}{V}\right) \quad \therefore f = \frac{V}{\lambda} = f_0 \times \frac{V}{V - v}, \quad f < f_0$$

…高く一定

遠ざかるとき

$$\lambda = \lambda_0 \left(1 + \frac{v}{V}\right) \quad \therefore f = f_0 \times \frac{V}{V + v}, \quad f < f_0$$

…低く一定

答　⑤

No.3

ガラスの屈折率$N_2 = \dfrac{3}{2}$

水の屈折率$N_1 = \dfrac{4}{3}$

水に対するガラスの屈折率

$$N = \frac{N_2}{N_1} = \frac{9}{8}$$

答　③

No.4

$$\frac{\sin\alpha}{\sin\beta} = \frac{3}{4}$$

α，βは非常に小さい角度である。

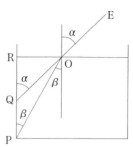

$$\sin\alpha = \frac{OR}{OQ}$$

$$\sin\beta = \frac{OR}{OP}$$

$$\frac{\dfrac{OR}{OP}}{\dfrac{OR}{OQ}} = \frac{3}{4}$$

$$\frac{OQ}{OP} = \frac{3}{4}$$

$$\therefore OQ = \frac{3}{4}OP$$

α，βは非常に小さい角度であるので

$OP \fallingdotseq PR$，$OQ \fallingdotseq RQ$であるので

$$RQ = \frac{3}{4}PR \quad RQ \fallingdotseq 75〔cm〕$$

答　②

No.5

音波の伝わる速さvと振動数f，波長λの間には，$v = f \times \lambda$の関係があり，f（振動数）が多いと高く聞こえ，同じ振動数の音はvが少なくなるとλ（波長）も小さくなる。

①逆　②波長との相乗値　③逆　⑤振動数

答　④

No.6

音波の速度は，常温でおよそ340m/secである。人間の耳が左右にあることで，音源からの距離が異なるので，その到達時間に差が生じ，音源の方向を推定することができる。なお，音の高低，強弱，音色の聞き分けは片耳だけでも可能である。

答　⑤

No.7
①熱伝導率の問題ではない。
　歪みの問題である。
②そういうことはない。
③正しい。
④間違い。
⑤そういうことではない。

答　③

No.8
①正
②正
③正
　変わるのは，波の進む速度と波長。
④誤
　近づくときは振動数が大きくなり，音は高
　くなる。遠ざかるときは，振動数が小さく
　なり，音は低くなる。
⑤正
　シャボン玉の表面で特定の光が干渉して強
　め合うため，色がついて見える。虹は干渉
　ではなく「分散」によるもので，原理はプ
　リズムと同じである。

答　④

No.9
④このように，色光が分離することを光の分
　散という。

答　④

No.10
①電波の波長は可視光線より長い。
②赤外線は熱線，紫外線は化学線。
③正しい。
④光にもドップラー効果が現れる。
⑤光は横波である。

答　③

No.11
②分散と干渉はまったく別の現象である。白
　色光，自然光がプリズムを通ったあとの光
　が単色光に分かれることを分散という（例：
　虹）。シャボン玉が色づいて見えるのは，
　シャボン玉の薄膜で反射した光と屈折した
　光が干渉することによって生じる。

答　②

No.12
①光の干渉。
②光の屈折（全反射）。
③音のドップラー効果。
④光の分散。
⑤光の散乱。青い光が散乱されて，赤い光だ
　けがヒトの目に届く。

答　①

No.13
　A：高　B：低　C：周波数　D：振動数

答　③

No.14
　振幅…媒質の変異の大きさの最大値
　波長…隣り合う山と山（谷と谷）の距離
　振動数…1秒間に振動する回数
　速さ…波の山（谷）が1秒間に進む距離
　これより，
　振幅…1〔m〕　波長…4〔m〕
　振動数…0.2秒に1回振動しているので，
　$\dfrac{1}{0.2} = 5.0$〔Hz〕
　速さ…0.2秒で4m進んでいるので，$4 \div 0.2 =$
　20〔m/s〕

答　④

No.15
③観測者と音源が近づくにつれて高く聞こえ，
　遠ざかるにつれて低く聞こえる。

答　③

No.16

光は横波，音波は縦波に分類される。
波源が移動しているときや観測者が移動しているとき，観測波の波長が実際の波長と異なる現象を<u>ドップラー効果</u>という。音波の場合は救急車のサイレンの例，光の場合は星の赤色偏移がある。波がすきまを通って，障害物の陰に回り込むことを波の<u>回折</u>という。

答　②

No.17

① 媒質1から媒質2へ光が入射するとする。媒質1の絶対屈折率をn_1，媒質2の絶対屈折率をn_2とし，入射角i，屈折角rとすると，

$\dfrac{n_2}{n_1} = \dfrac{\sin i}{\sin r}$となる。これより，

$n_1 > n_2$のとき，$\sin r > \sin i$となるため，屈折角は入射角より大きくなる。誤り。

② 全反射とは屈折角が90°になり，屈折光が生じないことをいう。誤り。

③ 正しい。

④ 波長と速度は変化するが，振動数は変化しない。誤り。

⑤ 光が屈折して届くために起こる現象。誤り。

答　③

No.18

波の周期…1振動するのに要する時間。
波の波長…1振動の長さ。
この波は2秒間に5回の割合で振動している。
1回振動するのに必要な時間は，

$\dfrac{2〔秒〕}{5〔回〕} = 0.4〔秒〕$

また，3秒後に45cm離れた地点に到達している。すなわち，1秒間に15cm進んでいる。
波の周期より，1振動するのに0.4秒かかっているので，

$15〔cm〕 \times 0.4〔秒〕 = 6.0〔cm〕$

よって，波の波長は6.0cm。

答　①

No.19

（ア）音の干渉。「うなり」と呼ばれる現象。波が干渉して，強めあったり弱めあったりするため，音に強弱が生じる。

（イ）ドップラー効果。

（ウ）音の屈折。空気層の温度変化（密度変化）に伴って，音は屈折する。夜は音が屈折して，遠くまで聞こえるようになる。

（エ）音速は，空気の温度に比例して速くなる。（ウ）と似ているが，屈折とは関係ない。

（オ）音の干渉。（ア）と同様の現象である。

（カ）音の回折現象。障害物を回り込んで届くこと。

答　⑤

No.20

③ ホログラムに用いられるのはレーザー，超音波とは，20,000Hz以上で人に聞こえない音で，魚群探知機などに用いられている。

答　③

No.21

③ 地球上で物体が落下するとき，その落下距離yは，

$$y = v_0 t + \dfrac{1}{2} g t^2$$

で表される。ただし，v_0は初速，gは重力加速度である。これより，落下距離は時間に比例しない。誤り。

答　③

第5章　電気物理学

（問題，本文36ページ）

No.1

全抵抗を求める。

並列部分の抵抗　$\dfrac{1}{R}=\dfrac{1}{r_1}+\dfrac{1}{r_2}$ より

$\dfrac{1}{R}=\dfrac{1}{5}+\dfrac{1}{20}=\dfrac{5}{20}$

$\therefore R=4〔\Omega〕$

$\therefore 全抵抗R=4+16=20〔\Omega〕$

電圧100V，$R=20\Omega$ より，流れる電流

$I=\dfrac{V}{R}=\dfrac{100}{20}=5〔A〕$

$r_1，r_2$ にかかる電圧

$V'=IR=5〔A〕\times4〔\Omega〕=20〔V〕$

$\therefore r_1$ に流れる電流 $I_1=\dfrac{20〔V〕}{5〔\Omega〕}=4〔A〕$

答　④

No.2

全抵抗を求める。

r_2とr_3の並列部分の抵抗rを求める。

$\dfrac{1}{r}=\dfrac{1}{4}+\dfrac{1}{12}=\dfrac{3+1}{12}=\dfrac{4}{12}$

$\therefore r=3〔\Omega〕$

$\therefore 全抵抗R=6+3=9〔\Omega〕$

回路を流れる電流

$I=\dfrac{1.5\times4}{9}=\dfrac{6}{9}=\dfrac{2}{3}〔A〕$

$\therefore r_1$ にかかる電圧

$V=\dfrac{2}{3}〔A〕\times6〔\Omega〕=4〔V〕$

$\therefore r_2$ に流れる電流Iを求める。

$r_2=4\Omega$　r_2にかかる電圧$=2V$

$\therefore I=\dfrac{2〔V〕}{4〔\Omega〕}=0.5〔A〕$

答　③

No.3

ア　電圧$=V_1$　$R=5\Omega$

$\therefore I=\dfrac{V_1}{5}$

イ　電圧$=V_1$　$R=6\Omega$

$\therefore I=\dfrac{V_1}{6}$

ウ　電圧$=V_1$　$\dfrac{1}{R}=\dfrac{1}{4}+\dfrac{1}{4}=\dfrac{2}{4}$

$\therefore R=2〔\Omega〕$　$\therefore I=\dfrac{V_1}{2}$

$\therefore ウ＞ア＞イ$

答　③

No.4

抵抗をR，電圧をVとすると

電力$P=\dfrac{V^2}{R}$

この電気コタツのニクロム線の抵抗は

$R=\dfrac{V^2}{P}=\dfrac{100^2}{1000}=10〔\Omega〕$

電力$P=\dfrac{80^2}{10}=640〔W〕$

答　④

No.5

回路に対して，電圧計は並列に，電流計は直列でなければならない。したがって②が正しい。

答　②

No.6

$P=I^2R$　失われる電力はI^2Rに比例する。

$V=RI$　電圧は電流と抵抗の積

電流が大きければ失われる電力は大きくなり，送電線の抵抗は小さくする努力はするが，止むを得ないとすれば電流を小さくする必要がある。

$V=RI，P=IV$だから高電圧にすれば電流を小さくしても一定の電力を確保できることになる。

答　①

No.7

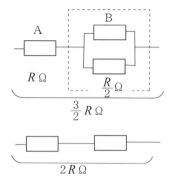

$$\frac{3}{2}R\,\Omega$$

$$2R\,\Omega$$

電流の流れ方は，
・直列接続の場合＝すべて同じ
・並列接続の場合＝抵抗値に反比例
これより，A＞Bが明らか。
抵抗値をRとして，合成抵抗を求める。
これより，

・Aに流れる電流＝$\dfrac{V}{\dfrac{3}{2}R}$

$$=\frac{2}{3}\times\frac{V}{R}$$

・Bに流れる電流＝$\dfrac{1}{2}\times\dfrac{2}{3}\times\dfrac{V}{R}$

$$=\frac{1}{3}\times\frac{V}{R}$$

・Cに流れる電流＝$\dfrac{V}{2R}=\dfrac{1}{2}\times\dfrac{V}{R}$

よって，A＞C＞B

答　②

No.8

電力＝電圧の二乗／抵抗を用いる。
回路全体の抵抗を求めるため，各電球の抵抗を求める。

50Wの電球　　$50=\dfrac{(100)^2}{R}$

$$R=200〔\Omega〕$$

100Wの電球　　$100=\dfrac{(100)^2}{R}$

$$R=100〔\Omega〕$$

これより，全体の抵抗は，

$$\frac{1}{R}=\frac{1}{(200+200)}+\frac{1}{100}$$

$$=\frac{5}{400}$$

$$R=80〔\Omega〕$$

よって，回路全体の電力は，

$$\frac{(100)^2}{80}=125〔W〕$$

答　③

No.9

$$電力\,P=I\times V=I^2\times R=\frac{V^2}{R}$$

この問題は，電流Iと電圧Vから求める。抵抗Aに1Aの電流が流れているので，抵抗Aにかかる電圧$V=IR=1\times8=8〔V〕$
これより，電球Lにかかる電圧は
$20-8=12〔V〕$
電球Lに流れる電流は，抵抗A，Bに流れる電流の和に等しい。
抵抗Aに流れる電流＝1A

抵抗Bに流れる電流＝$\dfrac{V}{R}=\dfrac{8}{4}=2〔A〕$

よって，電球Lに流れる電流は$1+2=3〔A〕$
これより，電球Lの電力は，
$P=I\times V=3\times12=36〔W〕$

答　③

No.10

電流によって生じる磁界の強さHは「電流に比例し，距離に反比例」する。

答　④

No.11

③発熱量は，電圧の二乗に比例し，抵抗に反比例する。

答　③

No.12

回路の合成抵抗を求める。

並列部分の上側は，$R = 0.5 + 0.5 = 1〔\Omega〕$

全体では，$\dfrac{1}{R} = \dfrac{1}{1} + \dfrac{1}{1} = \dfrac{2}{1}$

よって，$R = 0.5\Omega$

オームの法則$V = IR$より，

$9〔V〕= I \times 0.5〔\Omega〕$

$I = 18.00〔A〕$

答　⑤

No.13

抵抗R_1と抵抗R_2が並列に接続しているとき，それぞれに流れる電流をI_1，I_2とする。

並列部分全体では$I = I_1 + I_2$となる。

また，2つの抵抗にかかる電圧は等しいので，オームの法則より，

$R_1 \times I_1 = R_2 \times I_2$が成立する。

これより，I_1，I_2を求めると，

$I_1 = \dfrac{R_2}{R_1 + R_2} \times I$，$I_2 = \dfrac{R_1}{R_1 + R_2} \times I$となる。

この問題の場合，並列回路が直列に接続されているので，並列部分全体に流れる電流の大きさIは等しくなる。

また，並列回路においては抵抗の値が小さいほど，大きな電流が流れることになるので，3Ωと2Ωの抵抗について比較する。

3Ωの抵抗$\cdots \dfrac{12}{3 + 12} \times I = \dfrac{4}{5}I$

2Ωの抵抗$\cdots \dfrac{6}{2 + 6} \times I = \dfrac{3}{4}I$

よって，3Ωに流れる電流が最も大きい。

答　①

No.14

電力＝電圧×電流より，

$80 = 100 \times I$

$I = 0.8〔A〕$

オームの法則$V = IR$より，

$100 = 0.8 \times R$

$R = 125〔\Omega〕$

答　③

No.15

電熱線に流れる電流の大きさを求める。

オームの法則$V = IR$より，

$3 = I \times 6$

$I = 0.5〔A〕$

発生する熱量を$Q〔J〕$とすると，

$Q〔J〕= V \times I \times$時間$〔s〕$

$= 3 \times 0.5 \times 7 \times 60$

$= 630〔J〕$

水の温度変化を$\Delta t〔℃〕$とすると，

$Q〔J〕=$ 比熱$c〔J/g \cdot K〕×$ 質量$m〔g〕×$ 温度変化$t〔℃〕$

$630 = 4.2 \times 60 \times \Delta t$

$\Delta t = 2.5〔℃〕$

答　④

No.16

スイッチを入れる前はR_1とR_2の直列回路，スイッチを入れると，R_2とR_3が並列になる。

各抵抗は1Ω，電源の電圧を$V〔V〕$とする。

(a) スイッチを入れる前

R_1とR_2は直列に接続しているので，合成抵抗$R(a)$は，

$R(a) = R_1 + R_2 = 1 + 1 = 2〔\Omega〕$

オームの法則$V = IR$より，

$V〔V〕= I_前 \times 2〔\Omega〕$

$I_前 = \dfrac{V}{2}〔A〕\quad \cdots\cdots(1)$

(b) スイッチを入れた後

並列抵抗の合成抵抗を求める。

$\dfrac{1}{R_並列} = \dfrac{1}{R_2} + \dfrac{1}{R_3}$

$= \dfrac{1}{1} + \dfrac{1}{1}$

$$R_{並列} = \frac{1}{2} = 0.5〔Ω〕$$

全体の合成抵抗を求める。

$$R_{(b)} = R_1 + R_{並列}$$
$$= 1 + 0.5 = 1.5〔Ω〕$$

オームの法則 $V = IR$ より，

$$V〔V〕= I_{後} \times 1.5〔Ω〕$$

$$I_{後} = \frac{V}{1.5} = \frac{2}{3}V〔A〕 \quad \cdots\cdots(2)$$

これより，スイッチを入れる前後に流れた電流(1)(2)を比較すると，

$$I_{前} : I_{後} = \frac{V}{2} : \frac{2}{3}V$$

$$\frac{V}{2} \times I_{後} = \frac{2}{3}V \times I_{前}$$

$$I_{後} = \frac{4}{3} \times I_{前}$$

答　④

No.17

①北極付近にS極，南極付近にN極があるから，磁石のN極は北を指す。誤り。

②キルヒホッフの法則ではなく，ファラデーの法則。この現象を「電磁誘導」といい，これによって生じた電流を「誘導電流」という。誤り。

③正しい。

④オームの法則は，電圧 = 電流×抵抗。したがって電流と電圧が比例し，電流と抵抗は反比例する。誤り。

⑤ガラスやゴムに，電流がほとんど流れないのは，電気抵抗が非常に大きいから。誤り。

答　③

第6章　原子と原子核

（問題，本文44ページ）

No.1

放射線とその性質

	α線	β線	γ線
実体	He核	電子	電磁波
電荷	2⊕電荷	⊖電荷	0
通過力	小	中	大
感光作用など	大	中	小
電界，磁界に対し	曲がる	曲がる	直進

(ア)α　　　　(イ)β
(ウ)γ　　　　(エ)ヘリウム(He)
(オ)電子　　　(カ)電磁波

答　①

No.2

質量数の減少は

$$226 - 206 = 20$$

$$\therefore \alpha 崩壊 = \frac{20}{4} = 5〔回〕$$

5回の崩壊があれば陽子(原子番号)の減少は$2〔個〕\times 5〔回〕= 10〔個〕$のはずであるから$^{226}_{88}\mathrm{Ra} \rightarrow ^{206}_{78}\mathrm{Pb}$になるはずであるが，これより4個増加している（$\beta$崩壊が4回あったと考える）。

答　①

第２編　化学

第１章　物質の構造

（問題，本文46ページ）

No.1

同素体とは同一元素による単体であるが，結晶構造が違い，性質も異なる物質のこと。酸素とオゾン，斜方イオウと単斜イオウと無定形イオウ，黄リンと赤リン，ダイヤモンドと黒鉛などである。

答　④

No.2

気体反応の法則

反応物，生成物が気体の場合，各気体の間に反応する体積の割合が簡単な整数比となる。（係数の比）

$N_2 + 3H_2 \rightarrow 2NH_3$

モル数　1mol：3mol：2mol

体積比　　1　：　3　：　2

　　　　　　　　　　1.5L　　x

$\therefore x = 1.5 \times \dfrac{2}{3} = 1$〔L〕

答　①

No.3

質量保存の法則とは化学変化において反応前後の各物質の質量の和は変化しない。

⑤$2Mg + O_2 \rightarrow 2MgO$

　2×24〔g〕$+ 32$〔g〕$= 2 \times 40$〔g〕　である。

答　⑤

No.4

気体反応の法則より

$N_2 + 3H_2 \rightarrow 2NH_3$において気体の反応体積比

$N_2 : H_2 : NH_3 = 1 : 3 : 2$の割合

$H_2$9Lを反応させるには$N_2$3Lが必要。

生じるアンモニアは6L

反応後残った気体は生じた$NH_3$6Lと，反応せずに余った$N_2$1Lの計7Lである。

答　②

No.5

$C_2H_5OH + 3O_2 \rightarrow 2CO_2 + 3H_2O$

1mol……3mol

（46g）　（3×22.4L）

2.3g……xL

$\therefore x = 3 \times 22.4 \times \dfrac{2.3}{46} = 3.36$〔L〕

空気の体積は酸素の体積の5倍

$\therefore$空気$3.36 \times 5 = 16.8$〔L〕

答　④

No.6

プロパンを燃焼させたときの反応式は

$C_3H_8 + 5O_2 \rightarrow 3CO_2 + 4H_2O$

である。

答　④

No.7

1molの質量は

NH_3	17g
CO_2	44g
O_2	32g
NO_2	46g
CO	28g

答　①

No.8

①真ちゅう：銅と亜鉛

②ステンレス：鉄とクロムとニッケル

③ハンダ：鉛とスズ

④ジュラルミン：アルミニウム，銅，マグネシウム，マンガンなど

⑤青銅：銅とスズ

答　④

No.9

単体――黒鉛　ヘリウム

化合物――ベンゼン，プロパン，スクロース

混合物――食塩水

B，Dが単体

答　②

No.10

酸化アルミニウムの化学式はAl_2O_3

式量 $= 27 \times 2 + 16 \times 3 = 102 = A$

モル数 $= \dfrac{質量}{式量〔g〕} = \dfrac{20.4}{102} = 0.20〔mol〕 = B$

Al_2O_3 1mol の中のAl^{3+}は2mol，O^{2-}は3molで構成されている。

$\therefore Al_2O_3$ 0.20mol中の

$Al^{3+} = 0.40mol = C$

$O^{2-} = 0.60mol = D$

$A = 102$　　$B = 0.20$　　$C = 0.40$　　$D = 0.60$

答　⑤

No.11

この文章は原子の構成を記述したものである。

a＝原子

b＝原子核

c＝陽子

d＝中性子

e＝電子

答　④

No.12

この化学反応式は

$Zn + H_2SO_4 \rightarrow ZnSO_4 + H_2 \uparrow$

Zn65g（1mol）……H_2 22.4L（1mol）発生

　1.3g（0.02mol）……　　　xL発生

注　Zn 1.3〔g〕$= \dfrac{1.3}{65} = 0.02$〔mol〕

$\therefore x = 22.4 \times 0.02 = 0.448$〔L〕

答　②

No.13

化学反応式は

$C_3H_8 + 5O_3 \rightarrow 3CO_2 + 4H_2O$

1mol……4mol

22.4L……4×18〔g〕

5.6L……xg

$\therefore x = 4 \times 18 \times \dfrac{5.6}{22.4} = 18$〔g〕

答　②

No.14

反応式を書くと，

$2M + O_2 \rightarrow 2MO$

Mの原子量をmとすると，酸化物MOの分子量は（$m + 16$）となる。

よって，$m : (m + 16) = 4.0 : 5.0$

$m = 64$

答　④

No.15

宇宙では，質量数の小さい元素が多い。太陽などの恒星は，水素原子などを核融合して，質量数の多い元素を作っている。したがって，(A)は水素となる。

一方，地球の地殻に最も多く存在する元素は(B)酸素であるが，分子ではなく，ケイ素原子と結びついて，二酸化ケイ素（SiO_2）として存在している。このため，(C)はケイ素となる。

答　②

No.16

気体反応の法則より，同温同圧において，反応に関与する気体の体積は簡単な整数比になる。また，アボガドロの法則を加味すると反応式の係数の比になる。

これより，

$$2NO + O_2 \rightarrow 2NO_2$$

前	3.5L	1.0L	
変化量	$-2.0L$	$-1.0L$	$+2.0L$
後	1.5L	0	2.0L

よって，$1.5 + 2.0 = 3.5$〔L〕

答　⑤

No.17

④CO_2 1mol中の原子の物質量〔mol〕は，C原子1mol，O原子2molの計3mol。

NH_3 1mol中の原子の物質量〔mol〕は，N原子1mol，H原子3molの計4mol。

NH_3の方が，原子の総数が多い。

他は正しい。

答　④

No.18

硝酸イオンNO_3^-の電子数の数え方。

NO_3^-…価数が-1なので，原子がもっている電子数の合計$+1$個の電子をもつ。

よって，$7 + 3 \times 8 + 1 = 32$

答　①

No.19

プロパン燃焼の反応式は，

$$C_3H_8 + 5O_2 \rightarrow 3CO_2 + 4H_2O$$

これより，C_3H_8 1molにつき，5molの酸素が必要である。

プロパンC_3H_8 22gの物質量は，

$$\frac{22}{44} = 0.5 \text{〔mol〕}$$

酸素はプロパンの5倍必要なので，

$0.5 \times 5 = 2.5$〔mol〕

答　④

No.20

質量保存の法則や定比例の法則は，実験から導かれた法則である。これらの法則を説明するために，ドルトンが提唱したのが「原子説」である。

その後，ゲイリュサックによって「気体反応の法則」が発表されたが，ドルトンの「原子説」と矛盾が生じてしまった。この矛盾を解いたのが，アボガドロの分子説である。

アボガドロの分子説は，

(1)すべての気体は，いくつかの原子が結びついた「分子」でできている。

(2)同温，同圧において，同体積の気体に含まれる分子の数は，気体の種類に関わらずすべて等しい。

の2つの内容で構成されている。このうち，(2)を「アボガドロの法則」という。

a：「ドルトンの原子説」…物質は，原子とよばれる微粒子でできている。

→「原子でできている」ことだけを述べている。

b：「アボガドロの法則」…同温，同圧，同体積の気体に含まれる分子の数は等しい。

→気体中の分子の数について述べている。

c：「気体反応の法則」…反応に関与する気体の体積比が，簡単な整数比になる。

→「反応に関与する気体」がキーワード。

答　③

No.21

a　化合物は，2種類以上の元素でできた純物質のこと。

オゾンはO_3，ドライアイスはCO_2。2つ以上の元素でできているのはドライアイスである。

b　完全燃焼したときに二酸化炭素のみを生じるのは，炭素Cのみで構成されている物質である。

よってダイヤモンドが正しい。マグネシウムを燃焼すると，酸化マグネシウムMgOが生じるだけである。

c　陰イオンになりやすいのは，周期表で右側に配置される元素。よってフッ素が正

しい。

ナトリウムは陽イオンになりやすい。

答 ⑤

No.22

一般に，金属イオンは電子を失って陽イオンになりやすい。カリウムは原子の状態で電子を19個もっている。1個の電子を失って陽イオンになる。酸素は原子の状態で電子を8個もっている。2個の電子を受け取って陰イオンになる。

答 ①

No.23

(1)一酸化炭素COの分子量

$$= 12 + 16 = 28$$

これより，$2.8 \text{（g）} = \dfrac{2.8}{28} \text{（mol）} = 0.1 \text{（mol）}$

反応式の係数より，生成する二酸化炭素CO_2の量は0.1mol

二酸化炭素CO_2の分子量

$$= 12 + 2 \times 16 = 44$$

よって，$0.1 \times 44 = 4.4 \text{（g）}$

(2)(1)と同様に，

一酸化炭素CO1.4（g）$= \dfrac{1.4}{28} = 0.05 \text{（mol）}$

反応式の係数より，一酸化炭素の半分量の酸素が必要なので酸素0.025（mol）$= 0.025 \times 32 = 0.8 \text{（g）}$

(3)係数の比は体積の比なので，$CO : O_2 = 2 : 1$ より，COが2.8L全て使われるとO_2は半分の1.4L余る。

答 ④

No.24

ア　固体中の粒子は，周りの粒子と結合しており，その場で振動するだけである。全く運動しなくなるのは，0〔K〕（ケルビン）のときと考えられている。誤りである。

イ　固体，液体までは粒子間の引力を無視することはできない。正しい。

ウ　すべての粒子が同じエネルギーをもっているわけではない。異なるエネルギーをもった粒子の集まりである。運動エネルギーを測定すれば，それは平均の値である。誤りである。

エ　熱運動する粒子は，熱エネルギーを粒子の運動エネルギーに変換している。一般に温度が高くなるほど，運動エネルギーは大きくなる。正しい。

答 ③

No.25

代表例を覚えておく。

分子結晶：ドライアイス，ナフタレン，
　　　　　　ヨウ素

共有結合による結晶：ダイヤモンド，黒鉛，
　　　　　　　　　　二酸化ケイ素

イオン結晶：イオン結合するもの

金属結晶：金属の単体

答 ④

第2章　物質の三態変化

（問題，本文56ページ）

No.1

①正しい。

②ボイルの法則

③ドルトンの分圧の法則

④ゲイ・リュサックの気体反応の法則

⑤シャルルの法則

答　①

No.2

圧力を増加すると体積の減少する方向へ移動

① $\underline{2CO + O_2}$　⇄　$2CO_2$
　　　3　　　：　　2

　∴　→

② $\underline{H_2 + Cl_2}$　⇄　$2HCl$
　　　2　　　：　　2

　∴　移動せず

③ $\underline{N_2 + 3H_2}$　⇄　$2NH_3$
　　　4　　　：　　2

　∴　→

④ $\underline{2NO + O_2}$　⇄　$2NO_2$
　　　3　　　：　　2

　∴　→

⑤ N_2O_4　⇄　$2NO_2$
　　1　　：　　2

　∴　←

答　⑤

No.3

ア　正しい。

イ　誤り。融点と凝固点，沸点と凝縮点は，同じ一つの純物質であれば，必ず同じ温度になる。

ウ　正しい。沸点以下の温度でも，液体の表面からは蒸発が起こっている。

エ　誤り。大気圧が大きくなると，沸点は高くなる。大気圧が低くなると，沸点は低くなる。

オ　正しい。

答　③

No.4

固体から液体，液体から気体に変化するとき…熱を吸収

気体から液体，液体から固体に変化するとき…熱を放出（A）

気体から液体に変化することを「凝縮」，液体から固体に変化することを「凝固」という。（B）

このように，物質そのものは変わらないが，状態が変化することを「物理変化」または「状態変化」という。（C）

答　④

第3章　溶液

No.1

②コロイド粒子が電極へ移動する現象＝電気泳動

ブラウン運動はコロイド粒子と水の分子が衝突して生じるコロイド粒子の不規則運動のことである。

答　②

No.2

モル濃度＝モル数×$\dfrac{1.0}{0.2〔L〕}$

NaOHの式量＝40

モル数＝$\dfrac{0.4}{40}$＝0.01〔mol〕

∴モル濃度＝$0.01×\dfrac{1.0}{0.2}$＝0.05〔mol/L〕

答　⑤

No.3

コロイド粒子のブラウン運動

溶媒である水の分子が水酸化鉄(Ⅲ)に衝突し，水酸化鉄(Ⅲ)が不規則な運動をする。

答　③

No.4

1mol/Lは水溶液1L中にH_2SO_4が1mol溶けている溶液である。

H_2SO_4 1mol＝98g

∴100 mL中に含まれる

H_2SO_4＝$98×\dfrac{100}{1000}$＝9.8〔g〕

答　②

No.5

溶解度曲線より60℃における溶解度は110，20℃における溶解度は30であるから，60℃の飽和溶液(100＋110)gを20℃まで冷却すると再結晶は110－30＝80〔g〕である。

析出量をx〔g〕とすると

$\dfrac{80}{210}=\dfrac{x}{100}$

$x=\dfrac{8000}{210}≒38.1〔g〕$

答　②

No.6

中和滴定では次の関係が成り立つ。

酸の価数×酸の物質量＝塩基の価数×塩基の物質量

$2〔価〕×1.0〔mol/L〕×\dfrac{x〔mL〕}{1000}=$

$1〔価〕×\dfrac{2.0}{40}〔mol〕×\dfrac{1}{0.1〔L〕}×0.1〔L〕$

$∴x=\dfrac{2.0×1000}{40×2}=25〔mL〕$

答　①

No.7

100gに35.8g溶けているので135.8gの飽和溶液である。

したがって次の比が成り立つ。

135.8：200＝35.8：x

$x=\dfrac{35.8×200}{135.8}≒52.7〔g〕$

答　③

No.8

モル濃度〔mol/L〕＝溶質の物質量〔mol〕÷体積〔L〕

$\dfrac{0.56}{22.4}÷0.1=0.25〔mol/L〕$

答　②

No.9

溶解度より，80℃の塩化カリウム飽和水溶液150gを20℃に冷却すると，(50－35)＝15〔g〕の結晶が析出することがわかる。

これより，

150：200＝15：x

よって，$x=20〔g〕$

答　④

No.10

気体の溶解度の法則…ヘンリーの法則

気体の溶解度は，その気体の圧力に比例する。

答　④

No.11

溶解度の定義は，溶媒100gに溶ける溶質の質量。すなわち，20℃では溶媒100〔g〕＋溶質15〔g〕＝溶液115〔g〕の飽和溶液。

60℃では溶媒100〔g〕＋溶質60〔g〕＝溶液160〔g〕の飽和溶液。

これより，60℃における飽和溶液160gを20℃に冷却すると，60－15＝45〔g〕の結晶Aが析出することがわかる。

いま，60℃における飽和溶液80gについて考えると，

溶液160〔g〕：析出量45〔g〕＝溶液80〔g〕：析出量x

よって，$x = 22.5$〔g〕

答　③

No.12

塩化ナトリウムは$1.0 \times \dfrac{100}{1000} = 0.1$〔mol〕

硝酸銀は$1.0 \times \dfrac{50}{1000} = 0.05$〔mol〕

反応式より，塩化ナトリウムと硝酸銀は1：1の割合で反応する。

	NaCl	AgNO₃	AgCl
反応前	0.1mol	0.05mol	0mol
変化量	－0.05mol	－0.05mol	＋0.05mol
反応後	0.05mol	0mol	0.05mol

よって，塩化銀が0.05mol生じて，塩化ナトリウムが0.05mol残る。

答　③

第4章　酸・塩基

（問題，本文63ページ）

No.1

①誤り　塩化水素の水溶液は塩酸，青色リトマス紙→赤変

②誤り　アンモニア水は弱アルカリ性である。水酸化物イオンを生じる。

③誤り　水酸化ナトリウム水溶液は強アルカリ性，PHは7以上を示す。

④正しい

⑤誤り　濃硝酸では水素を発生しない。

答　④

No.2

水溶液中，一定温度では$[H^+]$と$[OH^-]$の積は一定で，次の式で表される。

$[H^+] \times [OH^-] = 10^{-14}(mol/L)^2$

pHは水素イオン濃度で示す

$[OH^-] = 10^{-6}$ mol/L

$$\therefore [H^+] = \frac{10^{-14}}{10^{-6}} = 10^{-8}〔mol/L〕$$

$$\therefore pH = \log \frac{1}{[H^+]} = -\log[H^+]$$

$$= -\log 10^{-8} = 8$$

答　④

No.3

強酸というのは電離度が1.0に近いものをいう。

答　④

No.4

(ア)弱酸　(イ)強酸　(ウ)弱酸　(エ)強塩基

(オ)弱塩基　(カ)強塩基

答　②

No.5

中和（A）後の水溶液の性質

強酸と強塩基が反応したとき…中性（B）

強酸と弱塩基が反応したとき…酸性（C）

弱酸と強塩基が反応したとき…塩基性（D）

「強いほうの性質が出る」と覚える。

答　⑤

No.6

雨水は，空気中の二酸化炭素が溶けて若干酸性になっている。二酸化炭素だけでなく，自動車の排出ガスなどに含まれる窒素酸化物や硫黄酸化物が溶け込むとさらに酸性が強くなる。これが酸性雨である。セッケン水は弱酸の塩であるため，弱いアルカリ性を示す。

答　①

No.7

(ア) 2価，弱塩基

(イ) 2価，強塩基

(ウ) 1価，強酸

(エ) 2価，強酸

(オ) 1価，弱酸

答　④

No.8

強酸…塩酸HCl，硫酸H_2SO_4，硝酸HNO_3

弱酸…上の3つ以外の酸

強塩基…水酸化ナトリウムNaOH，水酸化カリウムKOH，水酸化バリウムBa$(OH)_2$，水酸化カルシウムCa$(OH)_2$

弱塩基…上の4つ以外の塩基

　　　　強酸・強塩基を覚えよう。それ以外の酸・塩基は弱酸・弱塩基と判断する。

答　④

No.9

リトマス紙

　青色リトマス→酸性で赤になる。

　赤色リトマス→塩基性で青になる。

フェノールフタレイン

　酸性・中性→無色の溶液

　塩基性→赤色の溶液

ブロモチモールブルー（BTB溶液）

　酸性→黄色

　中性→緑

　塩基性→青

答　④

第5章　酸化・還元

（問題，本文67ページ）

No.1

イオン化傾向がCuより大きい金属Feを入れたとき

$Cu^{2+} + Fe \rightarrow Cu + Fe^{2+}$

答　②

No.2

ア　$2KClO_3 \rightarrow 2KCl + 3O_2\uparrow$
　　軽くなる。

イ　O_2が発生して軽くなる。

ウ　$2Cu + O_2 \rightarrow 2CuO$
　　重くなる。

エ　$2NaHCO_3 \rightarrow Na_2CO_3 + H_2O + CO_2\uparrow$
　　軽くなる。

オ　塩化水素が発生して軽くなる。

答　③

No.3

$(H^+ + Cl^-) + (Na^+ + OH^-)$

$\rightarrow (Na^+ + Cl^-) + H_2O$

NaOH溶液を加えるとH^+がOH^-と反応しH_2Oになり，H^+が減少するときに同じモル数のNa^+が増加するため，中和点まではイオン総数は変化しない。

答　②

No.4

①④⑤が電解質

①陽極：Cl_2発生　　陰極：H_2発生

④陽極：O_2発生　　陰極：Cuの析出

⑤陽極：Cl_2発生　　陰極：Cuの析出

答　①

No.5

①$NaCl \rightarrow Na^+ + Cl^-$
　　1：1である。

②原子が共有結合で結ばれていて，電離しない。

④電子を失うと陽イオン，電子を得ると陰イオンとなる。

⑤同じ符号のイオンが結合することはない。

答　③

No.6

H_2Oである。

答　②

No.7

還元剤は相手に電子を与えたり，相手から酸素を奪ったり，または相手に水素を結合させる物質である。シュウ酸は還元剤である。

答　⑤

No.8

$2H_2 + O_2 \rightarrow 2H_2O$の反応
質量比　4：32＝1：8である。
水素6gを反応させるには酸素は不足する。
∴酸素6gを完全に反応させるには，
水素は　1：8＝x：6

$x = \dfrac{6}{8} = 0.75〔g〕$

未反応の気体は水素で6.0－0.75＝5.25〔g〕

答　⑤

No.9

酸化数の変化を調べる。
①I：－1→0　　Cl：0→－1
②Cl：－1→0　　Mn：＋4→＋2
③SO_2のS：＋4→0　　H_2SのS：－2→0
④Fe：＋3→0　　Al：0→＋3
⑤各原子とも酸化数の変化はない

答　⑤

No.10

①正しい。
②粗銅を陽極に，純銅を陰極に用いる。このため，陽極からは銅（Ⅱ）イオンのほかに，不純物として含まれている金属が溶け出す。このとき，銅よりもイオン化傾向の大きい金属はイオンになり，イオン化傾向の小さい金属はイオンにならず陽極泥として沈殿していく。
③アルミニウムの融解塩電解で，融点を下げ

るために加えるのは氷晶石。コークスは鉄の製錬の際に還元剤として加える。
④イオン化傾向の大きい金属の水溶液を電気分解すると，金属ではなく多くは水素が発生する。そのため，水を含まない状態＝融解液を電気分解して単体を得る。
⑤陽極から銅が溶け出すため，銅（Ⅱ）イオンが生じるが，それとほぼ同じだけの銅が陰極で析出するため，電解液中の銅（Ⅱ）イオンの濃度はほとんど変わらない。

答　①

No.11

この図はボルタ電池を示したものである。
銅板：$2H^+ + 2e^- \rightarrow H_2 \uparrow$
亜鉛板：$Zn \rightarrow Zn^{2+} + 2e^-$
（ア）電子は亜鉛板から銅板へ。
（イ）正しい。
（ウ）酸素ではなく水素が発生。
（エ）電子を放出する亜鉛が負極。
（オ）正しい。

答　②

No.12

記述からわかることは，
（ア）A＞B，（イ）C＞A，C＞H_2，H_2＞A
（ウ）C＞A，（エ）D＞C
これより，D＞C＞H_2＞A＞B

答　③

No.13

イ　銅と亜鉛では，亜鉛のほうがイオン化傾向が大きい。よって，亜鉛板が溶けて，銅が析出する。
ウ　ナトリウムなどのイオン化傾向が非常に大きい金属は，常温で水と反応する。

答　②

第6章　無機化合物

(問題，本文73ページ)

No.1

常温で水と反応して水素を発生する金属はアルカリ金属元素とアルカリ土類金属元素である。
①AlとZnは違う。
②Feが違う。
③MgとZnが違う。
⑤全て違う。

答　④

No.2

硝酸銀溶液により白色沈殿を生じるものはCl^-をもつもの

$\therefore AgNO_3 + NaCl \rightarrow AgCl\downarrow + NaNO_3$
　　　　　　(白色)

答　⑤

No.3

塩素の比重2.49(空気＝1.0)

答　③

No.4

①$Cu(OH)_2$　　青白色
②$AgCl$　　　　白色
③PbS　　　　黒色
④$CaCO_3$　　　白色
⑤$PbCrO_4$　　黄色

答　③

No.5

$$密度 = \frac{1molの質量}{22.4L} = \frac{分子量g}{22.4L}$$
　　　　　　　　　　　　　　(0℃　1atm)

分子量最小の気体＝密度最小の気体

①$Cl_2 = 71$　　②$NO_2 = 46$　　③$SO_2 = 64$
④$NH_3 = 17$　　⑤$O_2 = 32$

答　④

No.6

真ちゅうは銅と亜鉛の合金。銅とスズの合金は青銅。

答　②

No.7

①$NaCl + AgNO_3 \rightarrow AgCl\downarrow + NaNO_3$
　白色沈殿
②$CuSO_4 + 2NH_3 + 2H_2O$
　　　　　　　$\rightarrow Cu(OH)_2\downarrow + (NH_4)_2SO_4$
　青白色沈殿
③$Ca(OH)_2 + CO_2 \rightarrow CaCO_3\downarrow + H_2O$
　白色沈殿
④$SO_4^{2-} + Ba^{2+} \rightarrow BaSO_4\downarrow$
⑤$NaOH + HCl \rightarrow NaCl + H_2O$
　中和反応で沈殿物なし

答　⑤

No.8

酸素は助燃剤で酸素自体は燃えない。

答　⑤

No.9

Alの酸化物，Al_2O_3　Alの価電子数は3である。

答　④

No.10

①両者とも無臭，CO_2は水に溶ける。
②CO_2の密度 $= \dfrac{44〔g〕}{22.4〔L〕} \fallingdotseq 1.96〔g/L〕$

　COの密度 $= \dfrac{28〔g〕}{22.4〔L〕} \fallingdotseq 1.25〔g/L〕$

③正しい。
④CO_2水溶液は弱酸性
　COは水に不溶，中性
⑤CO_2は還元性はない。

答　③

No.11

イオン化傾向は

K＞Ca＞Na＞Mg＞Al＞Zn＞Fe＞Ni＞Sn＞Pb

＞(H$_2$)＞Cu＞Hg＞Ag＞Pt＞Auである。

この反応は

$2Ag^+ + Cu \rightarrow 2Ag + Cu^{2+}$

であるから，Ag^+は還元され，Cuは酸化。

答　③

No.12

銅は希硫酸とは反応しない。

③の反応はない。

答　③

No.13

(ア)無色，刺激臭　　(イ)黄緑色，刺激臭

(ウ)無色，無臭　　　(エ)無色，刺激臭

(オ)赤褐色，刺激臭

答　④

No.14

①中性

②アルカリ性

③酸性

④中性

⑤中性

答　③

No.15

①塩素は空気の約2.5倍の重さ。強い酸化力を
　持っている。

②二酸化炭素の溶解度はあまり大きくなく，
　水溶液は弱い酸性を示す。

③アンモニアと接触して白煙を生じるのは塩
　化水素である。弱いアルカリ性。

④正しい。$2C + O_2 \rightarrow 2CO$

⑤硫化水素は酸化剤ではなく還元剤。

答　④

No.16

ア　誤り。ナトリウムやカルシウムなど「軽
　　金属」と呼ばれる金属の単体は，金属と
　　しては比較的軟らかい。

イ　正しい。アルカリ金属などは常温で水と
　　激しく反応するため，また空気中で酸化
　　されやすいため，石油中で保存する。

ウ　正しい。ナトリウムは最外殻電子数(価電
　　子数）が1であるため，電子を相手に与え
　　るはたらき＝還元剤としてはたらく。

エ　誤り。常温で水と激しく反応するが，こ
　　のとき発生する気体は水素である。

答　②

No.17

①Cl$_2$は淡黄緑色の気体。

②正しい。

③希硫酸では，水に不溶なCaSO$_4$の皮膜がで
　きるため反応が進まなくなる。

④濃硝酸ではNO$_2$が発生。正しくは希硝酸を
　加える。NOの色は無色。

⑤H$_2$Sは下方置換で捕集。無色の気体。

答　②

No.18

水に溶けにくいものは，無極性分子や分子が
大きいもの。

Cのデンプンは分子が大きいため水の中で分
散しにくい。

Dの硫黄は無極性分子なので，極性溶媒であ
る水には溶けにくい。

答　③

No.19

①ナトリウムと水は激しく反応して水素を発
　生する。ナトリウムは石油中で保管する。

②鉄を水中に入れると，長時間をかけて溶解
　し，鉄さびを生じるため不適切である。

③ヨウ素は気密容器に入れて保管すればよい。

④正しい。黄リンは空気中で自然発火するた
　め，水中で保管する。

⑤硫黄は気密容器に入れて保管すればよい。

答　④

No.20

①$Mg + 2HCl \rightarrow MgCl_2 + H_2 \uparrow$

②$CaO + 2HCl \rightarrow CaCl_2 + H_2O$

③$AgNO_3 + NaCl \rightarrow AgCl \downarrow + NaNO_3$

④$2NaOH + CO_2 \rightarrow Na_2CO_3 + H_2O$

⑤$2H_2S + SO_2 \rightarrow 3S + 2H_2O$

⑤の反応では黄色い沈殿が生じるが，これは硫黄Sであり「塩」ではない。

答　⑤

No.21

①Ag_2S(黒色)　②CuS(黒色)　③PbS(黒色)

④沈殿しない　⑤H_2SでFe^{3+}が還元されるので，FeS(黒色)

答　④

No.22

①アンモニアの工業的製法はハーバー・ボッシュ法。アンモニアソーダ法は炭酸ナトリウムの工業的製法のこと。

②正しい。接触法とよばれる。

③正しい。アルミニウムは水素よりもイオン化傾向が大きいので融解塩電解で単体を得る。このとき加える氷晶石は，混合物の融点を下げる作用を示す。

④正しい。

⑤正しい。マグネシウムはイオン化傾向が大きいので融解塩電解で単体を得る。

答　①

第7章　有機化学

（問題，本文81ページ）

No.1

エタノールC_2H_5OH（エチルアルコール）

ベンゼンC_6H_6

ベンゼンを構成する炭素の量がエタノールより多いから。

答　⑤

No.2

「電離」…イオン結合性の物質などが，イオンになること。

「極性分子」…電荷の偏りがある分子。水に溶けやすい。

答　②

No.3

ア　ヒドロキシ基を持つ脂肪族化合物をアルコールという。ヒドロキシ基をもつ芳香族化合物はフェノールという。どちらも，金属ナトリウムと反応して水素を発生する。

イ　アルコールと脱水縮合してエステルを生成するのは，カルボン酸。酢酸もカルボン酸の一種である。

ウ　アルコールと同じ一般式になる，すなわちアルコールの構造異性体はエーテル。ヒドロキシ基は持たないため，金属ナトリウムとは反応しない。

答　②

No.4

b　セルロースは植物細胞の細胞壁に含まれている。エビやカニの殻に含まれるのは「キチン」とよばれる物質である。この「キチン」を原料に，人工皮膚が開発されている。

答　③

No.5

A　いずれもベンゼン環をもつ。

B　エタノールは，還元性はなく，ヨードホルム反応を示す。

C　いずれもアミノ酸である。アミノ酸のうち，グリシン以外は不斉炭素原子をもつ。

答　③

第8章　補足

（問題，本文84ページ）

No.1

エタノールは揮発性がありさらに沸点は78℃である。

ビーカーを加熱すると引火しやすい。

こういう物質は湯煎で温度を測定する。

答　③

No.2

①ボイルの法則…気体の体積は圧力に反比例する。

②ゲイ・リュサック…気体反応の法則。
反応物・生成物が気体の場合，各気体が反応する体積の割合は一定の体積比を示す（反応式の係数の割合で反応生成する）。

③アボガドロ…アボガドロの法則。
温度，圧力が一定のとき，一定量の気体の体積を占める気体の分子数は気体の種類に関係なく同数である（0℃，1atmで22.4Lの体積中の気体の分子数は$6.02×10^{23}$個である）。

④ヘンリー…水に溶けにくい気体の溶解度は圧力に比例する。

答　⑤

No.3

①$2Na + 2H_2O → 2NaOH + H_2 ↑$

②$MnO_2 + 4HCl → MnCl_2 + 2H_2O + Cl_2 ↑$

③反応しない

④$CaCO_3 + 2HCl → CaCl_2 + H_2O + CO_2 ↑$

⑤$FeS + H_2SO_4 → FeSO_4 + H_2S ↑$

銀は水素よりもイオン化傾向が小さいので，普通の酸とは反応しない。酸化力のある，熱濃硫酸・濃硝酸・希硝酸とは反応する。

答　③

No.4

ア 圧力を上げると，沸点が上昇する。…沸点上昇

イ 氷の結晶構造は，水（液体）よりも隙間の多い構造になっている。このため，同じ質量の氷と水（液体）の体積を比較すると，氷のほうが体積が大きい。このため，水道管が破裂することがある。

ウ 細胞内よりも，塩分濃度が高い水に野菜を漬けると，細胞内から水が出ていくためしなびてしまう。これは細胞内の溶液と細胞の外の溶液の浸透圧の違いによるものである。

エ 溶液は，純水よりも低い温度で凍る（凝固する）。…凝固点降下

オ ウと同様に，赤血球内の濃度が高いため，赤血球内に水が入っていくため破裂してしまう（溶血）。…浸透圧

答 ④

No.5

④鉛蓄電池が放電した時の反応式は，

$$Pb + PbO_2 + 2H_2SO_4 \rightarrow 2PbSO_4 + 2H_2O$$

鉛蓄電池が充電したときの反応式は，上の式の逆になる。

充電後は，正極は酸化鉛（IV），負極は鉛になっている。放電後は正極・負極とも，硫酸鉛（II）になっている。

答 ④

No.6

①温度一定において，気体の溶解度はその気体の分圧に比例する（ヘンリーの法則）。液体の溶解度は圧力と関係ない。

②正しい。気体の溶解度は温度が低いほど溶けやすく，高いほど溶けにくい。

③固体の溶解度は温度と溶媒によって決まる。

④ベンゼンは無極性分子であるため水には溶けにくい。エタノールはヒドロキシ基を持つため水に溶ける。

⑤硫酸銅の水溶液を冷却して再結晶すると，硫酸銅の結晶が得られる。銅ではない。

答 ②

No.7

濃度が同じで，同じ体積を混合したら中和することより，価数が同じであることがわかる。

①塩酸…1価　水酸化バリウム…2価
②酢酸…1価　水酸化バリウム…2価
③硫酸…2価　アンモニア…1価
④酢酸…1価　アンモニア…1価
⑤硫酸…2価　水酸化ナトリウム…1価

これより，④の組合せで中和することがわかる。

答 ④

No.8

④ポリエチレンではなく，二酸化ケイ素 SiO_2 が用いられる。

答 ④

No.9

ア 電池だけの自動車は「電気自動車」。モータとガソリンエンジンの両方を備えたのは「ハイブリッド自動車」。

イ 「光を集めて熱水を作る」＝太陽熱を利用しているので，「太陽熱発電」。「太陽光発電」は，太陽電池に光が当たることで電流が生じる。

ウ 特に，燃やしてエネルギーを作る物質が多い。有機物なので「バイオマス」とよばれる。

答 ①

第3編　生物

第1章　細胞構造

No.1

①細胞膜…半透性，選択的透過性
②核…染色体をもつ。DNA・RNAをもつ
③ゴルジ体…1枚の袋の集合体。物質の分泌と
　　　　　　貯蔵
④リボソーム…タンパク質合成の場
⑤ミトコンドリア…球状または棒状の小体。
　　　　　　呼吸，エネルギーの調達

答　⑤

No.2

A　ミトコンドリア（呼吸作用）
B　細胞膜
C　デオキシリボ核酸

答　⑤

No.3

④タンパク質合成の場はリボソーム。
　ミトコンドリアは呼吸の場であり，ATPを
　生産する。

答　④

No.4

①細胞壁と葉緑体は，植物細胞にのみ存在す
　る。
液　胞：動物細胞では未発達
中心体：高等植物の細胞には存在しない。
　　　　藻類・菌類と動物細胞には存在する。

答　①

No.5

①間期　②前期　③終期　④中期　⑤後期

答　⑤

No.6

体細胞を増加するために行う細胞分裂を「体
細胞分裂」とよぶ。体細胞分裂では，分裂の
前後で1核中の染色体数は変わらず，遺伝的に
全く同じ細胞（娘細胞）ができる。
これに対して生殖細胞を作るときに行う分裂
を「減数分裂」とよぶ。減数分裂によってで
きた娘細胞の染色体数は，母細胞の半分に
なっている。

答　①

No.7

ア　正しい。ミトコンドリアはATP合成の場
　　である。
イ　誤り。ゴルジ体は動物細胞で特に発達し
　　ており，物質の運搬や貯蔵に関わってい
　　る。細胞分裂の際の紡錘体形成に関与す
　　るのは中心体。
ウ　正しい。外液の浸透圧にしたがって水が
　　出入りし，原形質分離などの現象が起こ
　　る。
エ　誤り。小胞体は細胞内に網目状に広がり，
　　細胞内で合成されたタンパク質などの輸
　　送路となっている。
オ　誤り。リボソームは細胞内におけるタン
　　パク質合成の場。

答　③

No.8

①無機触媒は温度やpHの影響を受けないが，
　タンパク質である酵素は温度やpHによっ
　てその構造が変化するため，影響を受ける。
　酵素は高温下でははたらきを失う。

答　①

No.9

ア	誤り	酵素の主な成分は，タンパク質である。
イ	誤り	酵素がはたらくpHは酵素ごとに決まっている。これを最適pHという。中性でよくはたらくものもあれば，酸性でよくはたらくものもある。
ウ	正しい	酵素がはたらく反応，基質は決まっている。これを基質特異性という。
エ	誤り	補酵素をもつものと，もたないものとある。必ず必要というわけではない。
オ	正しい	酵素は反応を促進するだけで，それ自身は変化しない。
カ	誤り	多くの酵素はヒトの体温に近い35 〜 40℃くらいでよくはたらく。70℃を越えるとタンパク質が変性してしまうのではたらかなくなる。

答　④

第2章　植物の調節作用

No.1

①胞子による世代交代を行う。

②裸子植物受精

③単細胞生物，細胞分裂

④藻類，遊走子

⑤菌糸

答　①

No.2

①酸素ではなく，二酸化炭素である。

答　①

No.3

緑色植物における光合成はCO_2の吸収反応であり，呼吸はCO_2の放出反応である。CO_2の吸収と放出とが±0であるので，この植物はいわゆる補償点にあることになり，生長する余力はない。

答　①

No.4

茎を成長させるオーキシンの最適濃度は10^{-5}mol/L 〜 10^{-4}mol/L。これ以上高い濃度になると，成長が阻害される。

答　④

No.5

Aの反応：光合成反応

Bの反応：呼吸反応

よって，

A：葉緑体，B：ミトコンドリア

答　③

No.6

A：光周性　B：長日　C：短日　D：中性

暗期の長さが短くなる

　＝明期が長くなるので長日

暗期の長さが長くなる

　＝明期が短くなるので短日

答　⑤

No.7

発芽：種子を水に浸すとジベレリンのはたら

　　　きでデンプンの加水分解が始まる。そ

　　　の間，呼吸を盛んにし，CO_2と熱を発

　　　生する。

①発酵ではなく呼吸

②還元作用とは関係ない。

③デンプンを合成するのではなく，分解する。

④熱を吸収するのではなく，熱を発生する。

⑤正しい。

答　⑤

No.8

①双子葉類は4数性(4の倍数)または5数性(5

　の倍数)である。

②単子葉類は平行脈。

③維管束があるが散在している。

④正しい。

⑤重複受精を行う。重複受精は被子植物のみ

　で見られる特殊の現象である。

答　④

No.9

③小器官(B)は葉緑体とよばれ，光合成色素

　であるクロロフィルをもち，光合成を行っ

　ている。内外二重の膜が層状に重なった構

　造をしている。内膜が内側に突出していて

　クリステとよばれるのはミトコンドリアで

　ある。

答　③

No.10

光屈性の原因は茎の先端部で合成されるオー

キシンである。オーキシンが下降して成長を

促進する。オーキシンは光の反対側に移動す

るため，光の当たらない側が成長し，結果，光

の当たる方に屈曲していく。

ア…屈曲する。

イ…先端部を切り取るとオーキシンが作られ

　　ないため，屈曲しない。

ウ…寒天片は液体を通すので，水溶性のオー

　　キシンは下降して成長を促進。屈曲する。

エ…雲母片は液体を通さないので，オーキシ

　　ンは下降せず成長しない。屈曲しない。

オ…雲母片は液体を通さないので，オーキシ

　　ンは下降せず成長しない。屈曲しない。

よって，ア，ウは屈曲する。

答　②

No.11

植物も動物もはじめは海中だけで生活してい

たが，その後陸上にも現れるようになる。

植物の場合，海中で藻類が出現し，その後新

しい環境に対応したコケ類やシダ植物が出現

する。

動物の場合，海産無脊椎動物である三葉虫や

フズリナが出現し，アンモナイト，陸上では

大型は虫類である恐竜が出現し，その後ほ乳

類が現れた。

答　②

第3章　同化と異化

（問題，本文101ページ）

No.1

⑤前半は正しいが，タンパク質を分解するのではなく，遺伝の本体と考えられている。

答　⑤

No.2

A：グルコース　B：呼吸　C：アンモニア，亜硝酸など　D：根粒菌，アゾトバクターなど

答　③

No.3

生産者は緑色植物，藻類，光合成細菌などである。したがってクローバー，キャベツ，ススキ，イネ等。

消費者は草食動物，それを食べる動物等もこの中に入る。寄生生物もこの中に入る。

分解者は生産者や消費者の遺体や排泄物を分解し，無機物に変える細菌類である。

答　③

No.4

昼はO_2は増え，CO_2は減る。

夜はO_2が減り，CO_2は増える。

（炭酸同化作用と呼吸作用による）

答　②

No.5

①光や気温の変化に伴う行動。昼行性と夜行性がある。

②プランクトンの増減など，太陽光が強くなり，水温が上昇すると植物プランクトンの個体数が増加する現象など。

③正しい。季節によって生活場所を変えるため集団で移動する現象。

④長い年月を周期として，被食者の増減に伴う捕食者の個体数の変動のこと。

⑤新しくできた湖沼から始まる植物群落の遷移。

答　③

No.6

⑤イカはえら呼吸

皮膚呼吸：原生動物，海綿動物，腔腸動物，扁形動物，線形動物，環形動物

えら呼吸：魚類，軟体動物，甲殻類，ゴカイ

気管呼吸：昆虫類，クモ類，多足類

肺呼吸：両生類，は虫類，鳥類，ほ乳類

答　⑤

No.7

⑤『中立』ではなく『食いわけ』。

答　⑤

No.8

②『学習』ではなく『知能』。学習とは，実際の経験を通して，条件にあった行動をとるようになることである。知能とは，大脳の発達に関係し，状況判断に基づく行動である。

答　②

No.9

①くびれて分離していくのは『出芽』。ヒドラなど。

②根などの一部が新個体になるのは『栄養生殖』。ジャガイモなど。

③雌雄がない生殖細胞を胞子という。よって『胞子生殖』。菌類やシダ植物。

④雌の配偶子（＝卵）が単独で発生して新個体になるのは『単為生殖』。

⑤正しい。卵と精子が接合することを『受精』という。受精は接合の一種である。

答　⑤

No.10

代表的な光合成色素がクロロフィル。クロロフィルやカロテノイドが吸収した光エネルギーを用いて光合成反応がスタートする。フィトクロムは発芽の調節を行う色素タンパク質である。光合成色素は葉緑体のチラコイドに含まれており,光合成反応の第3段階目まではチラコイドで進行する。最後のカルビン・ベンソン回路だけが葉緑体のストロマで起こる。

答 ②

No.11

①オーキシンは頂芽で合成された後,下方に移動して側芽の成長を阻害する。これを頂芽優勢という。

答 ①

No.12

化学合成を行う細菌は,亜硝酸菌,硝酸菌,硫黄細菌,鉄細菌。

答 ③

No.13

② イトヨの求愛行動や攻撃行動は『本能行動』に分類され,生まれつきもっている生得的行動である。

答 ②

（問題，本文107ページ）

第4章　動物の恒常性と調節

No.1

(ア)消化　　　(イ)アミラーゼ
(ウ)マルターゼ　(エ)グリコーゲン
(オ)肝臓

答 ③

No.2

①尿や汗の1日の平均排出量は約1.8Lである。
②アンモニアを尿素にかえるのは肝臓のはたらき。
③腎臓は毛細血管と細尿管の間で糖分や水分の再吸収がなされる。
⑤②で述べたように尿素をつくる。

答 ④

No.3

①動物行動の生得的なものには，走性,反射,本能,習得的なものには条件反射,学習,知能がある。
③反射中枢には脊髄，延髄，中脳などがある。
④遺伝的なものでなく動物が本来持っている行動であり,反射弓には感覚ニューロン,運動ニューロンの単位が介在する。
⑤中脳によるはたらきである。

答 ②

No.4

アドレナリンは副腎髄質より分泌される。

答 ③

No.5

ア　肺動脈………右心室から肺へいく血管。CO_2を多く含む。

イ　赤血球………無核，円盤状。$1mm^3$中に450万～500万個，酸素を運搬する。

ウ　白血球………有核アメーバ状，$1mm^3$中に6,000～8,000個，食菌作用。

エ　血しょう……血球以外の物質，栄養分，CO_2，老廃物，ホルモン等の運搬，血液凝固，受渡等のはたらき。

オ　肺から左心房に入る血管は肺静脈

∴アとエが正しい

答　①

No.6

①血液中の赤血球に含まれている酸素運搬のはたらき。

②，③，⑤は，消化酵素である。

④が光合成に関与。

答　①

No.7

条件反射が正解。

答　④

No.8

①赤血球は核をもたない。

②血液をもつすべての動物に，白血球は存在する。

③正しい。

④血液は体重の約8％。

⑤酵素を多く含むのは肺から出てくる肺静脈を流れる血液。二酸化炭素を多く含むのは，肺に入っていく肺動脈を流れる血液。

答　③

No.9

①マルターゼではなくアミラーゼ

②胆汁に消化酵素は含まれない。胆汁酸は脂肪を乳化しリパーゼのはたらきを助ける。

③正しい。

④ラクターゼはラクトースを分解してグルコースとガラクトースにする。

⑤タンパク質をペプトンに分解する。

答　③

No.10

④皮下血管の収縮のみが交感神経のはたらきによる。他は副交感神経による。

答　④

第5章　神経系の発達

(問題，本文110ページ)

No.1

①小脳　②脳は中枢神経系　③自律神経系，内分泌系の中枢は視床下部　④中脳

答　⑤

No.2

ア：肝臓　イ：尿素　ウ：腎臓

答　①

No.3

①胃液のpHは1～2の強酸である。

③大腸が吸収するものの大部分は水である。

④胆のうは肝臓でつくられた胆汁を貯えて必要に応じ分泌する。

⑤消化液により分解された栄養分の大部分は小腸で吸収される。

答　②

No.4

①大脳：視覚，聴覚，随意運動，記憶，思考など

②中脳：姿勢を保つ，眼球運動

③小脳：体の平衡

④間脳：自律神経

⑤延髄：心臓，呼吸，消化液

答　⑤

No.5

外胚葉からは神経管＝脳，脊髄，感覚器が形成される。①が正しい。

中胚葉からは筋肉，骨格，心臓等循環器，生殖器等が形成される。

内胚葉からは消化器，呼吸器系が形成される。

答　①

No.6

②刺激によるニューロンの活動電位は，興奮時に生じる電位変化が約30mV，静止電位は約－70mVである。電位変化の大きさは，刺激の大きさとは無関係である。これを「全か無かの法則」という。

答　②

No.7

①眼球の反対運動やこう彩の収縮運動は中脳のはたらき。

②呼吸運動，心臓の拍動，血管収縮などの調節は延髄である。

③正しい。

④延髄は大部分が神経繊維の通路で，脳とからだの各部を結ぶ神経繊維は，ここで左右に交差するものが多い。呼吸，心臓の拍動などの調節を行うが，条件反射は大脳皮質が関与する。

⑤随意運動の調節，姿勢を正しく保つはたらきは小脳である。

答　③

No.8

大腸のはたらき

(1)消化吸収されなかった食物のカスを排出までためておく。

(2)消化されなかったセルロースの一部を，腸内細菌により分解消化し，グルコースとして吸収する。

(3)水の吸収

(4)合成されたビタミンKの吸収

答　②

No.9

①正しい。「全か無かの法則」

②受容器から大脳までに，たくさんの神経繊維(ニューロン)がシナプスで連結している。1つの細胞ではない。

③神経繊維(ニューロン)の伝導は，一方通行。感覚器→中枢→作動体。

④熱いものに手を触れたときに，思わず手を引っ込めるのは屈筋反射。この中枢は脊髄である。

⑤身体の平衡，筋肉の緊張の保持の中枢は小脳である。

答　①

No.10

触覚，圧覚などの刺激は決まった受容器が受け取り，感覚神経を伝わる。通常は大脳に送られるが，反射の場合は脊髄などの他の中枢に送られる。しつがい腱反射の場合，感覚神経を伝わり脊髄を経由して，運動神経を通って筋肉(効果器)に伝わり反応が起こる。

答　②

No.11

①免疫の説明　②抗原の説明　③ワクチンの説明　④アレルギーの説明　⑤抗原抗体反応の説明

答　④

No.12

⑤大脳と末梢神経の中継点となるのは間脳。延髄は呼吸や血管収縮，飲み込み反射の中枢。特に発達して見られる部位ではない。

答　⑤

No.13

③神経繊維は，ある一定の強さの刺激が加わらないと興奮を起こさない。この刺激の強さを閾値とよぶ。また，刺激の強さが閾値を超えても興奮の大きさは一定である。これを「全か無かの法則」という。

答　③

No.14

腎臓のおおまかな構造と，尿生成の特徴を押さえておく。腎臓に入った血液は腎小体中の糸球体に流れ込む。血しょう中のタンパク質を除く成分がボーマンのう中にろ過される。これを原尿という。原尿中のすべてのグルコースと，約95%の水分，必要な無機塩類が，細尿管の毛細血管中に再吸収される。途中，さらに約4%の水分が吸収され，残った約1%の成分が尿となる。

答　③

No.15

副交感神経がはたらくと，休息したりリラックスしたりするような作用がはたらく。また，血糖値が上昇したときにはたらいてインスリンを分泌させる。

①瞳孔は縮小する　②正しい　③消化器のはたらきが促進する　④心臓の拍動は抑制され落ち着く　⑤ぼうこうは収縮し排尿が促進される

答　②

No.16

①血糖が増加したときに分泌されるのはインスリン。

②正しい。

③成長ホルモンは，血糖値を上昇させる働きをする。

④インスリンはグルコースからのグリコーゲン合成を促進し，血糖値を低下させる働きをもつ。糖尿病はインスリンが欠乏して，血糖値が下がらなくなる成人病の一つ。

⑤アドレナリンは，交感神経のはたらきを促進する。

答　②

No.17

Aとα，Bとβが共存すると，凝集する。

答　①

No.18

体内の情報伝達は神経系と内分泌系，そのうち神経系は中枢神経と末梢神経，さらに末梢神経は体性神経系と自律神経系に分けられる。このうち，自律神経系間脳の視床下部において調節されている。

自律神経系には，交感神経と副交感神経の2つがありそれぞれが正反対のはたらきをする。このことを拮抗作用という。自律神経系と協同して，個体の生理作用をホルモンによって調節する仕組みを内分泌系という。内分泌腺は体内のいくつかの部位に存在し，間脳の視床下部の下にあるものを脳下垂体，喉の気管を取り囲むようにしているものを甲状腺という。

答　⑤

No.19

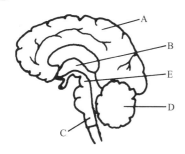

ア…図Dは小脳で延髄の説明。
イ…図Bは間脳。正しい。
ウ…図Eは中脳で小脳の説明。
エ…図Aは大脳。正しい。
オ…図Cは延髄で中脳の説明。

答　②

No.20

呼吸の第1段階，解糖系は細胞の細胞質基質内で行われる。ここで2ATPが生産される。次にミトコンドリアのマトリックス内で第2段階の反応が起こる。解糖系で生じたピルビン酸が活性酢酸を経てクエン酸に変えられて回路反応に入る。このとき2ATPが生産される。解糖系とクエン酸回路で生じた水素原子は，ミトコンドリアの内膜で酸化される。これを電子伝達系と呼ぶ。このとき，約28ATPが生産され，呼吸全体では約32ATPが生産されることになる。

答　③

No.21

肝臓のはたらきは，(1)養分の代謝と貯蔵，(2)アンモニアの尿素への変換(オルニチン回路)，(3)解毒作用，(4)血液の貯蔵・赤血球の破壊，(5)胆汁の合成，(6)発熱による体温の保持である。吸収されたグルコースは，肝臓でグリコーゲンの形で貯蔵される。また，アミノ酸の代謝で生じた有害なアンモニアは，尿素に変えられて腎臓に運ばれる。この回路をオルニチン回路という。カルビン・ベンソン回路は光合成反応の一部である。

答　④

第6章　遺伝の仕組みと遺伝子の本体

（問題，本文120ページ）

No.1

中間雑種遺伝で赤花の遺伝子と白花の遺伝子の間に顕性・潜性関係がない。

赤の遺伝子＝R　白の遺伝子＝rとすると

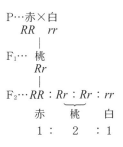

P…赤×白
RR　rr
|
F₁… 桃
Rr
|
F₂…RR：Rr：Rr：rr
　　赤　　桃　　白
　　1：　2　：1

答　③

No.2

二遺伝子雑種では，どちらの遺伝子も同型接合になっている場合には配偶子は1種類，片方が異型接合の場合は2種類となる。

$RRYy$の配偶子はRYとRy
$RRyy$の配偶子はRy　＞この組合せ

	RY	Ry
Ry	$RRYy$	$RRyy$

答　④

No.3

①正しい。
②AB間に顕性・潜性はない。
③O型も生まれる。
④6種類である。
⑤O型も生まれる。

答　①

No.4

DNAは遺伝子の本体と考えられており⑤に記述してある通りのはたらきをする。他はRNAのはたらきと考えてよい。

答　⑤

No.5

まずA型標準血清で凝集を起こす血液は凝集原Bであるわけだからbの血液はAB型かB型である。次にaはb，cに輸血できるわけだからO型である。cはa，bに輸血できない。

答　③

No.6

④タンパク質合成に関与するのは，アミノ酸，ATP，RNA，リボソームである。DNAはタンパク質の形質を決定している。

答　④

No.7

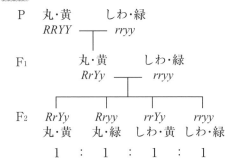

P　　丸・黄　　　しわ・緑
　　$RRYY$　├──$rryy$

F₁　　　　丸・黄　　　　しわ・緑
　　　　$RrYy$　├──$rryy$

F₂　$RrYy$　　$Rryy$　　$rrYy$　　$rryy$
　　丸・黄　　丸・緑　　しわ・黄　しわ・緑
　　1　：　1　：　1　：　1

答　③

No.8

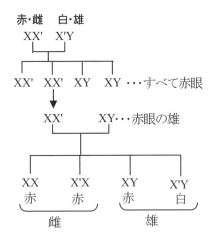

赤・雌　白・雄
XX'　X'Y

XX'　XX'　XY　XY …すべて赤眼

XX'　　　　XY…赤眼の雄

XX　　X'X　　XY　　X'Y
赤　　　赤　　　赤　　　白
　　雌　　　　　　雄

赤眼…X，白眼…X'とする。
これより，雌は全部赤，雄は赤と白が1：1で生まれることがわかる。

答　④

No.9

①動物，植物とも対立形質は分離の法則にしたがって分離し，配偶子に入る。

②検定交雑という。

③伴性遺伝である。

④致死遺伝はホモ型のときに死亡する。この場合はYYの黄色型。

⑤正しい。

答　⑤

No.10

潜性のホモ接合体と交雑させて，その個体の遺伝子型を判別することを検定交雑という。検定交雑によって得られる子の表現型の分離比は，検定される個体の遺伝子型の分離比と一致する。

これより，親の丸（P）は丸としわの遺伝子を1：1でもっていることになる。よって，親の丸（P）はAa。

		親のしわaa	
		a	a
親の丸（P）Aa	A	Aa	Aa
	a	aa	aa

表より，子の丸（F₁）はAa，子のしわ（F₁）はaaであることがわかる。

答　①

No.11

子の遺伝子型が3：1で現れるのは，ヘテロ接合体を交配させたとき。

		Bb	
		B	b
Bb	B	BB	Bb
	b	Bb	bb

黒色…BB，Bb，Bb，白色…bbで3：1となる。よって，親の遺伝子型は$Bb×Bb$

答　④

No.12

顕性ホモ接合体と潜性ホモ接合体を交雑して得られる子F₁の遺伝子型は（$CcPp$）となる。これに白花（$ccPp$）を交雑させると次のようになる。

		$CcPp$			
		CP	Cp	cP	cp
$ccPp$	cP	$CcPP$	$CcPp$	$ccPP$	$ccPp$
	cp	$CcPp$	$Ccpp$	$ccPp$	$ccpp$

CとPの両方を持つものは紫花になる。よって，紫花：白花＝3：5。

答　②

No.13

DNAはデオキシリボースとリン酸，塩基で構成されている。デオキシリボースがリボースに変わるとRNAになる。DNAは2本のヌクレオチド鎖がらせん状に結びついた構造をしている。ヒトの場合46本の染色体にまとめられており，染色体は2本で1対の相同染色体として存在するから，ヒトの体細胞には46本の染色体が23対の相同染色体として存在していることになる。

答　⑤

第7章　生殖と発生

No.1

①クモ…クモ類，ダニ等，②～⑤…昆虫類

答　①

No.2

アドレナリンは副腎皮質ではなく，副腎髄質から分泌される。　答　③

No.3

受精卵の細胞分裂を卵割という。卵割と通常の細胞分裂の違いは，生じた娘細胞（割球）が元の細胞と同じ大きさにならないことである。このため，受精卵そのものの大きさは変化しないことになる。

桑実胚とはごく初期の胚であり，この後さらに分裂が進み，胞胚，そして原腸胚へと発達する。

答　⑤

No.4

①無性生殖のうち，栄養生殖は高等生物である被子植物でも見られる。例：オニユリ，ジャガイモなど

②①の例のように，被子植物のように栄養生殖と有性生殖の両方を行うものもある。

④ヒドラ，カイメン，酵母菌などは出芽で殖える。

⑤分裂で生じた娘細胞が成長すると，母細胞と同じ大きさになる。

答　③

No.5

一次消費者とは，生産者が生産した有機物を消費して生きる，従属栄養生物，植物食性動物である。よって，イナゴとミジンコ

答　③

No.6

窒素同化作用と，光の強さは無関係である。

答　③

第8章　生物の進化

No.1

①ラマルクの用不用説

②ダーウィンの自然選択説

④ドフリースの突然変異説

⑤アイマー，コープの定向進化説

答　③

No.2

①ラマルクの用不用説

②ダーウィンの自然選択説

③ドフリースの突然変異説

④ワグナーの隔離説

⑤アイマー，コープの定向進化説

答　③

No.3

地理的に隔離されて他の集団と交雑が起こらなくなると，その集団特有の形質が遺伝されるため，種の分化が起こる，というのが『隔離説』。隔離されることで進化の進行が妨げられるわけではない。

答　③

No.4

現代の進化学では，DNAレベルでの突然変異が生じ，さらに自然選択や遺伝的浮動，隔離などによって種の分化が起こったと考えられている。ダーウィンは『種の起源』のなかで，個体間には差異があり，生存競争や環境に適応したものが多く生き残ることで，有利な変異が子孫に伝えられ新しい種を生み出す，とする「自然選択説」を提唱した。

答　①

第9章　生態系と環境問題

（問題，本文132ページ）

No.1

・生態ピラミッドの特徴

生産者を最下段にし，一次，二次，三次消費者を上位の段と考えることを栄養段階という。この栄養段階ごとの生物量を図示したものが生態ピラミッドである。

①栄養段階の高いものほど個体数が少ない

②エネルギー利用効率は栄養段階の高いものほど高い

③一般に栄養段階の高い個体ほど大型となる

・食物連鎖の例

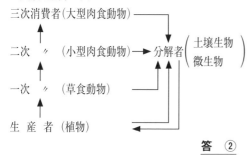

答　②

No.2

A　クジラ………体内受精

B　コウボ………出芽

C　アオミドロ…接合

D　シダ…………胞子

E　サツマイモ…栄養生殖

答　③

No.3

⑤捕食者の方が被食者より常に少ない。

答　⑤

No.4

胚葉の分化

外胚葉…表皮，脳，せき髄，神経感覚器

中胚葉…骨格，筋肉，循環系(心臓,血管)，排出系(腎臓，ぼうこう)，卵巣，精巣など

内胚葉…消化系(口，食道，胃，腸，肝臓，すい臓)，呼吸系(肺，気管)

答　②

No.5

ワカメは遊走子による胞子生殖である。

答　④

No.6

CO_2を吸収しているのでAが生産者。

A：生産者　B：一次消費者　C：二次消費者

D：分解者

答　②

第4編　地学

第1章　地球の構造

（問題，本文136ページ）

No.1

O_2（酸素）である。

ラン藻類の仲間などの発生と共に光合成により酸素が大気中に存在するようになった。

答　③

No.2

a：下降　　　b：上昇

c：下降　　　d：上昇

e：上昇

答　⑤

No.3

（A）対流圏　（B）成層圏　（C）中間圏
（D）熱圏（電離圏）

答　②

No.4

④地球全体では，鉄が最も多い。地殻だけでは酸素が最も多くなる。

答　④

No.5

（ア）大気の構成成分は，窒素，酸素の順に多くなる。水蒸気は場所，季節によって変動する。

（イ）地球温暖化の原因は，化石燃料の消費によるCO_2の急増である。

答　②

No.6

①オゾンホールは南極上空など極地方に見られる。フロン放出量が多い地域との関係は見られない。

②熱帯雨林の減少は大気中のCO_2量増加と関係があると考えられる。酸素の減少は確認されていない。

③雪氷面積は日射の反射量や水の循環，大気との熱交換に影響を与える。このため，雪氷面積の変化によって気候が変化することが考えられる。

④正しい。

⑤森林破壊が進むと，土壌が蓄えられる水の量が減少し，洪水が起こりやすくなる。水量は安定しない。

答　④

No.7

①オゾン層が吸収するのは，紫外線。紫外線が酸素分子に当たるとオゾンができる。これによってオゾン層が形成されている。紫外線を吸収することで，大気の温度が上昇している。

答　①

第2章　気圧と風

（問題，本文140ページ）

No.1

①移動性高気圧…春・秋によく現れる。一般的に低気圧を伴うもので通過後は天気は下り坂となる。

②寒冷前線…雲は積乱雲や積雲が発生し，しゅう雨性の雨が降る。通過後は気温が下り，雨は比較的早くやむ。

④梅雨期…日本の南岸沿いに梅雨前線が停滞する。南北に上がったり下りたりして雨を降らせる。

⑤フェーン現象…湿った空気が山にぶつかると，登るとき雨を降らせ，山を越え降りてきたときは高温乾燥性の空気による現象。

答　③

No.2

温暖前線

進行方向の前方は広範囲の地域で雨が降る。通過後は暖気団に覆われて気温上昇し雨はあがる。

寒冷前線

積乱雲を生じにわか雨を降らせる。通過後は寒気団に覆われ，気温が急に下がり風向が変わる。

a（イ）　b（ア）　c（ア）
d（ア）　e（イ）

答　③

No.3

低気圧地域は上昇気流，高気圧地域は下降気流

答　④

No.4

ウ……南高北低

エ……なぎは朝と夕方の2回生じる。

∴ア，イ，オが正しい。

答　⑤

No.5

フェーン現象

高温多湿の空気が山を越えるとき，風上側の山腹で雨を降らせ，風下側の山麓に乾燥した地熱として吹き降りる現象。日本では春，日本海側を発達した低気圧が通過するときにフェーン現象を起こすことが多い。

答　②

No.6

対流圏のような空気はない。東西方向に風は吹くが対流はなく，オゾン層がある。

答　②

No.7

霧には，夜，地面が放射のため冷却して地表の空気が冷やされてできる放射霧，湿った暖かい空気が冷たい海面に流れてきたときにできる移流霧（海霧），冷たい湿った空気が暖かい水面に流れてできる蒸気霧（川霧）などがある。移流霧は暖流と寒流が接しているところにできやすく，夏の釧路沖などの霧はこれである。②は放射霧で，③は梅雨前線の発生原因である。

答　⑤

No.8

①発生初期の台風の進路：偏東風にのって西，または西北西へ移動。

発達した台風の進路：北緯20°〜25°付近の北太平洋高気圧の縁辺に達すると，北西から北に，さらには北東に向きを変える。北太平洋高気圧の勢力が強く，日本列島もその勢力下にある時は，台風は日本に上陸せずに，日本の西方を大きく迂回する。

②台風の目では下降気流が観測される。

③台風は前線を伴わない。

④正しい。台風の速度と吹き込む速度が加算され，速度が速くなる。

⑤台風の進路は，発生初期は貿易風に，日本に近づくとジェット気流の影響を受けて変化する。

答　④

No.9

四季の天気の移り変わりと，気団の変化を関連させて整理しておきたい。春は日本列島の西側から，移動性高気圧と低気圧が交互にやってくる。このとき，上空に寒気があると，空気が冷やされて雪を降らせることがある。次第にオホーツク海高気圧から湿潤・寒冷な大気と，南方海上の湿潤・温暖な北太平洋高気圧が張り出して，日本列島上空でぶつかり，梅雨前線を形成する。梅雨前線より北側ではオホーツク海高気圧の影響下にあるため寒冷，梅雨前線の南側では北太平洋高気圧の影響下にあるため気温が高くなる。

北太平洋高気圧の勢力が増すと，日本列島全体が北太平洋高気圧の影響下に入り，温暖・湿潤な夏の天気となる。北太平洋高気圧の勢力が弱まって南下し始めると，台風が日本列島に上陸するようになる。さらに，北のシベリア高気圧が南下してきて，秋雨前線を形成する。冬になると，シベリア高気圧の影響を強く受けるようになり，西高東低の気圧配置となる。北西の季節風が強く吹き，日本海側では大雪，太平洋側では晴天となることが多い。シベリア高気圧の勢力が弱まると，再び春の天気を迎えることになる。

答　②

No.10

等圧線の間隔が狭いところでは，風が強く吹いている。天気図は西に高気圧，東に低気圧が発達した西高東低の気圧配置で，典型的な冬の天気を示している。地上では高気圧側から低気圧側に向けて，すなわち北西の季節風が吹いている。このため，湿った空気が日本海側に吹き込み大雪を降らせ，太平洋側には乾燥した空気が吹き込み晴天となる。

答　⑤

No.11

④亜熱帯高圧帯から赤道に向かって吹く風を貿易風という。貿易風は，赤道付近で収束し温められて上昇し，ハドレー循環をつくる。中緯度では，亜熱帯高圧帯から偏西風が吹き出す。ジェット気流は偏西風のうち特に強いものを指す。

答　④

第3章　岩石

（問題，本文145ページ）

No.1

②玄武岩…火成岩

答　②

No.2

花こう岩…深成岩，SiO_2の含有量多く酸性岩
　　　　　造岩鉱物は石英，カリ長石など

①火山岩のこと

②中性岩（アンザン岩，センリョク岩）の成分

④火山岩

⑤密度が大きい岩石は塩基性岩（玄武岩，ハン
　レイ岩）

答　③

No.3

A　アンザン岩　B　玄武岩

C　花こう岩　　D　ハンレイ岩　　答　③

No.4

A　地下の深部でゆっくり冷え固まると，岩
　石全体が大粒の結晶のみで構成される。
　これは「等粒状組織」という。

B　火山岩中に見られる細粒の結晶と非結晶
　からなる部分は「石基」である。

C　火山岩中に見られる大粒の結晶は「斑晶」
　という。

答　③

No.5

A：小さ

B：やす

C：やす

D：季節風

答　③

No.6

ア：海嶺　イ：100km　ウ：マントル

エ：海溝　オ：海のプレート

カ：陸のプレート

答　②

No.7

①古生代

②中生代

③中生代

④新生代

⑤古生代後期のものだが示準化石ではない。

答　①

No.8

火山岩：リュウモン岩，アンザン岩，
　　　　玄武岩

半深成岩：セキエイ斑岩，ヒン岩，キリョク
岩

深成岩：花こう岩，センリョク岩，ハンレイ岩

答　③

No.9

はじめDからGまでの層が堆積した後，地殻変
動によって地層が傾いた。その後，C層B層が
堆積した後，H層が貫入してきた。その後，A
層が堆積したと考えられる。

答　④

第4章　地殻変動・地震

（問題，本文150ページ）

No.1

震源地までの距離＝

$\dfrac{\text{P波の速度×S波の速度}}{\text{P波の速度−S波の速度}}×\text{初期微動継続時間}$

$\therefore \dfrac{5×3}{5−3}×12 = \dfrac{15}{2}×12 = 90〔\text{km}〕$

答　④

No.2

P波（縦波）は液体，固体を問わず伝播する。したがって地殻，マントルを問わない。しかし，S波（横波）は固体中のみ伝播し，液体を通ることはできない。

また，P波S波とも密度の異なる地殻に突き当たると反射，屈折する。

答　④

No.3

①震度は揺れの大きさ。マグニチュードは地震の規模を表す。

②正しい。

③震度5と震度6は，それぞれ強弱に区分するため，10段階になる。

④震度は地震の被害の大きさによって区分されたもので，同じマグニチュードの地震でも，大きな揺れを観測すると震度は大きくなる。マグニチュードが1増えると，地震で放出されたエネルギーは約32倍になる。

⑤日本列島の太平洋側に行くほど震源が浅く，日本海側に行くほど深くなる。

答　②

No.4

(A)密度

(B)モホロビチッチ不連続面（モホ面）

(C)マントル

(D)グーテンベルグ不連続面

(E)液体

答　①

No.5

地震は，はじめ微震動が伝わり，その後大きな揺れを感じる。地震計の記録のAははじめに到達したP波，Bは後に到達したS波である。P波が到達してから，S波が到達するまでの時間を初期微動継続時間といい，記録ではCにあたる。初期微動継続時間と地震波の速度を大森公式に代入すると震源距離を求めることができる。

答　⑤

No.6

横軸が震源距離，縦軸が時間であるから，ある地点において地震波Bが先に到達していることがわかる。これより，地震波Aは後から到達するS波，地震波Bは先に到達するP波であることがわかる。

震源から500kmの地点はグラフでは$L2$の地点になる。$L2$に地震波Bが到達してから地震波Aに到達するまでの時間が初期微動継続時間であるので，グラフでは$T2−T1$となる。

答　③

第5章　地球と星の運動

（問題，本文154ページ）

No.1
①だ円軌道を描く。ケプラーの第1法則。
②内惑星の公転周期は地球のそれよりも短い。
③正しい。
④自転周期は木星型より地球型の方が長い。
⑤惑星の公転速度は太陽からの距離が短い（近日点）ほど速い，ケプラーの第2法則。

答　③

No.2
①公転による見かけの運動
②正しい。
③月の自転と公転の周期が同じ
④公転によるもの
⑤位置の問題

答　②

No.3
（ア）明けの明星：夜明け前に東の空に見える金星…5
（イ）宵の明星：日の入り後すぐに西の空に見える金星…3
（ウ）内合の位置：内惑星の位置が，太陽と地球の一直線上に位置したとき…4

答　①

No.4
太陽と月の間に地球が挟まって，月が地球の陰に入ると月食となる。太陽と地球の間に月が挟まって，地球が月の陰に入ると日食となる。

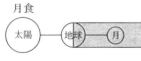

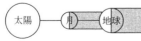

答　①

No.5
（ア）公転　（イ）1回自転　（ウ）新月

答　④

No.6
④月食には金環食に相当する現象はない。

答　④

No.7
①地球型惑星は，質量が小さく，密度が大きい。
②正しい。
③惑星の公転方向は太陽の自転方向と同じ。
④宵の明星，明けの明星と呼ばれるのは金星である。
⑤惑星の中で最も大きいのは木星である。

答　②

No.8
(A)内合，(B)外合，(C)東方，(D)西方
地球から見て，太陽の右側を「西方」，太陽の左側を「東方」と呼んでいるので，「東方最大離角のときに西の空」，「西方最大離角のときに東の空」と，まるで逆になってしまうので要注意。

答　②

No.9
①水星　②金星　③火星
④該当する惑星はない　⑤木星

答　③

No.10
星雲には水素や一酸化炭素などの分子が密に存在しており，これらが収縮して原始星が誕生する。原始星は赤外線を放射しているため，肉眼では見えない。原始星が収縮を続けると，中心部で水素が核融合を始める。このとき放射エネルギーを熱と光で放射するため，肉眼で観測できるようになる。恒星は主系列星としての寿命が最も長い。核融合に伴い水素を消費すると，ヘリウムの核融合が始まる。このころになると，外層部が膨張し，赤色巨星

となる。

恒星としての寿命を迎えるとき，その質量によって様子が異なる。太陽質量の8倍より軽い星は，外層部のガスを静かに吹き飛ばして，中心部が白色わい星として残る。太陽質量の8倍以上の星は，全体が吹き飛ぶような大爆発を起こす。今まで星がなかったところに新しい星が誕生したように見えるので，超新星爆発と呼ばれる。中心部にはパルサーやブラックホールが形成される。

答　④

No.11

①火星はリング（環）を持たない。表面に河川のような跡が確認されている。
②正しい。
③木星の大気は水素とヘリウムが主成分。
④水星は太陽に近く，それ自身も小さいため，大気をつなぎ止めておくことができない。大気は存在しない。
⑤金星の大気は，二酸化炭素が主成分。

答　②

No.12

③近日点は1月。1月に最も太陽に近づくため，見かけの大きさは最も大きくなる。

答　③

第6章　補足

（問題，本文160ページ）

No.1

①中生代　②古生代　③中生代
⑤中生代

答　④

No.2

潮の干満の原因は太陽と月の引力によるものである。
潮の干満は1日に約6時間間隔で4回生じる。
満月・新月のとき，大潮となり干満の差が最大となる。
∴エとオが正しい。

答　③

No.3

⑤無脊椎動物，クラゲ等である。

答　⑤

No.4

⑤アウストラロピテクスである。

答　⑤

No.5

①高潮：台風などで大きな低気圧が通過するとき，気圧の低下により海面が吸い上げられる現象。また強風によって海岸へ海水が吹き寄せることにより，海面が異常に上昇する現象。

答　①

No.6

ア　粘性の低いマグマは，二酸化ケイ素の割合が少ない。

イ　正しい。

ウ　雲仙普賢岳は，溶岩ドームを作るような粘性の強いマグマのタイプである。中間の粘性を持つタイプの例として富士山が挙げられる。富士山のようなすそ野の広がった火山を成層火山とよぶ。

エ　正しい。

オ　環太平洋造山帯は，プレートの沈み込み境界に分布。中央海嶺や東アフリカ地溝帯はプレートの拡大部分。

答　③

No.7

①場所によって，重力の大きさは変わる。

②極での重力が最大になる。

③赤道での重力の大きさは最小。

④正しい。

⑤極での重力は最大。

答　④